人生を変える波動の力

白龍院住職
松本光平

たま出版

はじめに

私は、北海道にある曹洞宗のお寺の次男として生まれた。

曹洞宗の本山は永平寺である。日本一修行が厳しいことで知られるこの寺で2年間修行し、実家のお寺を継いだが、その後、紆余曲折があって独立し、現在は無宗派の僧侶として人々の病気を治すお手伝いをしている。肩書きは「白龍院住職」ではあるが、お寺という「建物」は持たない。

私が常々思っていたのは、僧侶という職業は、お葬式のときだけ必要な存在でいいのだろうか、ということである。それに、そもそも僧侶という職業はなんなのか。人が亡くなったときにお葬式をするだけなのが僧侶なのか、座禅をして心の安らぎを教えるのが僧侶なのか。僧侶としての立場で、もっと人々の役に立てることはないのか。

——そうした思いを、お寺を継いでからもずうっと抱いていた。

お釈迦様は、人生において免れ得ない四つの苦悩を「生老病死」という言葉で表された。生まれる苦しみ、老いる苦しみ、病む苦しみ、死ぬ苦しみの四つの苦悩のことであるが、とりわけ苦しみの大きい「病気」に対して、その痛み、苦しみを和らげることで人々のお役に立てることはできないか。

——そうした思いのもとに開発したのが、現在、私が実践している「波動良法」である。

近年になって、「波動」という言葉が一般でもよく使われるようになった。宇宙が進化、向上している一方で、足元の地球では人類の勝手気ままな意識が自然破壊とつながり、環境を悪化させている。その結果、地球や人体の波動が悪くなり、原因不明の病気が次々と現れている。

このままマイナス波動が広がっていけば、宇宙全体の波動にも大きな影響を及ぼすことになる。本章で詳しく述べるが、地球と人類が発する波動は、瞬時に宇宙の果てにまで伝わるからである。

また、このままでは、地球と人類は宇宙の法則からどんどん外れていくことも否めない。そのことが、一人ひとりの運命にも影響してくるのである。

人はみな死に向かって歩んでいる。人生のなかで、病気というものは、避けて通れないものだ。

その病気に対し、どう取り組むか。それが人生の分かれ道になることもある。

本書を読まれた方々が、波動良法を通して自然治癒力の偉大さ尊さに気付き、四つの苦悩のなかの「病気」から一日も早く解放され、幸福な人生を全うされれば、著者にとってこれ以上の喜びはない。

●「人生を変える波動の力」もくじ●

第3章　波動の力とはなにか

第5章　僧侶の役割

第6章　禅と癒し

第7章　波動良法Q&A

第1章　永平寺　修行への道

傷だらけの青春時代

お寺の次男坊というのは、本来は住職を継ぐ立場にない。お寺は長男が継ぐものだからである。

ところが私の場合、なぜかはわからないが、幼いころからまわりの人間に「あなたはこの家の跡継ぎなのよ」と言われてきた。

一方で私自身は、心のなかで、跡継ぎには絶対なるまいと誓っていた。というのも、頭が坊主なのはいやだったからである。できれば華やかな職業に就きたいと願っていた。

18歳から19歳というエネルギー溢れる時期にボクシングで大学に入ったのだが、たび重なる怪我の連続で練習もできず、かといって大学の勉強もせず、自分はなんのために生きているのだろうと毎日自分を責めていた。

親が一生懸命働いて得たお金を遊びに使い、自分はいったいなにをやっているのだろうという思いにとらわれていた。

ついには大学も行かなくなり、夜の世界でバイトをするようになった。

その結果、自分のまわりの人も変わってしまった。

やがて、やくざの用心棒を紹介され、懇意にしてもらった。その人は元プロボクサーだったので、違う意味でのボクシングを教えてもらうようになった。

そして、どんどん脇道へと進むようになり、まわりの環境も生活習慣も変わり、大学もやめることになった。

繁華街に出かけては、スパーリングの名目でケンカ三昧。いつも傷だらけ。ビンで殴られ、その破片で手首が深く切れたこともある。刃物で切られたときは、血だらけになって救急車で運ばれた。

小さな傷口は痛むが、大きな切り傷の場合、痛くもなく、ただ血が流れるだけだ。

自分自身のことなどどうでもよかったし、先のことなんてさらにどうでもいいと思っていた。

恐れるものはない。怖いものもない。集団を見れば一人で因縁をつけにいき、暴れるという感じだった。

ある組織に公園の奥に連れて行かれたこともある。それでも恐怖は感じなかった。一人で暴れた。このときは、いろいろな凶器を出されたので、人生もう終わるのかなあと思ったものである。

だが、そんなとき、不思議と誰かが現れて助けてくれるのだ。そういうことが何度も起きたので、なんとなくではあるが、なにかが自分を守っていてくれるのだと思うようになった。

目的をなにも持たない私は、負け犬の遠吠えみたいに粋《いき》がっていた。

前歯を折ったり、骨折したり。顔はいつも傷だらけ。そんな自分がかっこいいとさえ思っていた。身体に残る傷は60針にもなった。それを、男の勲章と思っていた。

警察にもずいぶん厄介になり、何度も家庭裁判所に呼び出された。あげくの果てに、簡易裁判によって保護観察処分まで受けた。

組織の親分も紹介されるようになり、このままそっちの道に行くのかと思いはじめたところ、持病である左肩の脱臼を機に、街を離れなければならなくなった。

そのことによって、今までの仲間と縁がなくなった。

左肩の脱臼が運命を変えてくれたのだと思い、変化を感じはじめた。毎日毎日、誰かと闘うことばかり考えていた生活で、安心する場所がなかったので、街から離れることになったときは、寂しさもあったが、それ以上にホッとした。闘うことがかっこいいと思っていたくせに、もう闘わなくていいと安心する、妙に不思議な気持ちだったのを覚えている。

ちょうどそのころ、友達が交通事故に遭い、亡くなってしまった。元気で話をしていた友がいなくなり、もう会えないと思うと、なんともやるせない気持ちになった。このころから、人間の死というものに対して儚さを感じるようになったのだと思う。

永平寺へ

そうした荒れた生活をおくっていたわけだが、両親は私の言動に不安を隠せなかったのだろう。傷だらけの私の顔を見るたびに、泣きながら嘆いていた。

だからといって反省するわけでもなく、私は傍若無人な生活をおくり続けた。職を転々とし、世間の荒波に揉まれ、社会のたいへんさを知った。19歳になっていたが、将来の不安はなかった。

しかし、両親のことを考えると、誰かが家の跡を継がないといけないという思いはあった。坊さんになるなんて絶対嫌だという気持ちは依然強かったが、兄は普通に大学を出て就職をしており、家を継ぐのは自分しかいないし、それまでの親不孝を詫びる気持ちも多少後押しした。

結局、私は安易な気持ちで、両親に坊さんになって家を継ぐ、永平寺に行くと言ったのである。それに、このころは、これ以上問題を起こせば鑑別所行きだと言われていたときでもあった。修行に行くことで鑑別所行きを逃れたい、という打算も少なからずあったことは確かである。

波乱の修行生活

曹洞宗では、お坊さんになるために、永平寺へ2年間修行に行かなければならない。本来は、意を決した者が覚悟して行く場所である。しかし私の場合は、修行に行くといっても、ふらふらした安易な気持ちだ。夜中に寺を抜け出して遊びに行くためのカツラまで買ったりした。また高校の3年間は寮生活だったので、団体生活は体験済みである。どれだけ修行生活が厳しかろうと問題ないと思っていた。

そのころの私のお坊さんに対するイメージは、とにかくいい人で、人間ができていて、この世もあの世もなんでもわかっている、そんなすばらしい人というぼんやりとした印象だった。

それが、いざ修行に行くと、私のお坊さんのイメージは一瞬で崩壊してしまった。あまりにも違いすぎたのである。

私が体験したのはもう30年近く前のことなので、現在とはかなり違うかもしれないが、そのころの修行は、とにかく「理不尽」のひと言に尽きるものであった。

永平寺では、想像していた以上に先輩後輩の上下関係が厳しく、とにかく先に入った者が先輩だった。さらに、目を合わせただけで怒鳴られ、頭を殴られる。坊主頭なので殴られるとすこぶる痛い。

なにごとによらず、説明は一回しかしてくれない。間違えると殴られる。とにかく、なにかと理由をつけては殴るのだ。納得がいくことで殴られるのなら我慢もできるが、感情にまかせて怒り、殴るばかりである。

修行という名目になっていても、誰一人として開祖の道元禅師の教えを学ぼうとは思っていない。実際、私にしても、教えを学ぼうという崇高な思いはなかったのだが……。誰もが、とにかく2年間、名目上の修行をし、僧侶の資格を得て、実家のお寺を継ぐ——そのためだけに永平寺に来ていた。

そんなふうだから、問題を起こしたりすると、親までも僧侶としてやっていけなくなる危険性がある。殴られても蹴られても、とにかく我慢するしかない。それをいいことに、まだ20歳くらいの若者が先輩面をして、自分より遅く寺にやってきた年上の後輩を殴るのである。まさに人間の醜態であった。

これが僧侶の修行なのか。これじゃ、一般社会より悪いじゃないか。私はそう思った。僧侶の資格という弱みを握られ、奴隷のような扱いを受けることに我慢できなかったのである。

私はわずか4日目にして、タブーとされる先輩への口答えをした。それをきっかけに、先輩10人を相手に殴り合いの喧嘩をする羽目になった。問題を起こしてしまったのである。

私にしてみれば、こんな理不尽な生活をして坊さんになってなんになるのか、こんな生き方は嫌だという気持ちでいっぱいだった。

当然、寺は大騒ぎである。大勢のお坊さんがやってきたが、私は一人で立ち向かい、刃向かい続けた。

そして私は持病の左肩脱臼を再発させ、病院送りとなったのである。

その後、まだ保護観察中だったこともあり、役職に就いているお坊さんに連れられて保護観察所へ行くことになった。そこでいろいろ事情聴取され、これからの処分について話し合いがおこなわれたようだが、同行してくれたお坊さんが、自分が責任を持つ、というようなことを言ってくれたらしく、穏便にすませることができた。

そのおかげで永平寺に戻れるようになったのだが、私は「俺はなにも悪くない。弱い者いじめばかりしてなにが修行だ。当たり前のことをしただけだ。こんなのは修行でもなんでもない」と、付き添ってくれていたお坊さんに啖呵《たんか》を切って、寺を出てしまったのである。

事件を知った両親や檀家さんはみんな驚いた。まさか修行に行った先の寺で殴り合いの大喧嘩をするとは、考えもしなかったことだろう。だが、私は寺を出られたことの喜びのほうが強く、これからまた好きなことができると喜んでいたのである。

再び修行へ

親は永平寺に呼ばれ、かなり叱責されたようだった。だが、私にはなにも言わなかった。母親は保護観察所に同行してくれたお坊さんから手紙をもらい、それを私に見せてくれたが、私はその手紙を破り捨てた。母親はやはりなにも言わず、破れた手紙を集めて涙ぐんでいた。

その少しあと、母親が殴り書きをしていたメモ用紙を見つけた。そこには、もうお坊さんにならなくていい、好きな人生を歩んでほしいとだけ記されていた。さんざん親不孝を重ねていた私は、どこまで母親を追い詰めてしまったのだろうと、その文面に泣いてしまった。そして、親の子供に対する愛の深さを痛感し、死ぬ気になって覚悟を決め、もう一度同じところに行き、修行しようと思いを決めたのである。

お寺を出て4カ月後、私はかつてと同じ修行寺にいた。修行寺がどういうところかよくわかっていたので、今度こそは殴られても我慢しようと決めていた。

付き人時代の著者（後方）

同年代の先輩は私を怖がっていて、なにもしてくる様子はなかった。だが40代の役職のある人が、いきなり言いがかりをつけて殴ってきた。私はこらえた。

その私の姿をみて、お寺で一番偉い人（老師）が私を付き人にしてくれた。

付き人とは側近であることを意味する。おいそれとは就くことができないポジションである。私は、その方のそばで付き人として修行することになったのである。

普通、修行者は3カ月ごとにいろいろなところにまわされ、僧侶としての知識を身につけていくのであるが、私の場合は異例中の異例で、その方のそばで修行をすることにより、問題を起こすことなく2年間の修行をやりとげることができた。2年間、お坊さんの修行というよりは、老師のそばで人間としての生き方を学んだといっていい。その方は厳しかったが、人間的に大きく、心の広い人で、今も深く尊敬している。

本当に供養になるのか

永平寺で修行中、数多くのお葬式をした。そのことにより、人間の儚さを痛感するとともに、人間とはなんぞやと思うようになった。

人はなんのために生き、死んだらどうなるのだろう。お坊さんが経典を読誦して、本当に供養になるのか。

70歳近い役職をしているお坊さんに、そのことを聞いた。答えは、供養になっているかいないかはわからない、信じてやるしかない、ということであった。たくさんのお坊さんに同じことを聞いた。みな同じ答えであった。

私はそれで納得した。自分と同じだったからである。

だが、もしそうだとしたら、お坊さんの格好をし、葬儀のやり方さえ覚えれば、こんなことは誰でもできることになる。

私としては、なにもわからずただお仕着《しき》せにやりたくはなかった。どうせやるなら本物のお坊さんになりたい。目に見えない光を見せて、このように供養していくのですと言える、そういうお坊さんになりたいと思ったのである。

そのためには、自分が言うことを「現す」ようにならなくてはいけないと思った。「現す」というのは、実証・証明できるということである。たんなる言葉だけのお坊さんにはなりたくない。確信を持って、本当のお葬式ができるようになりたい一心であった。

東洋医学の道へ

修行2年目も終わりに近づき、付き人をしていた老師から寺に来ないかと誘われた。私は迷った。老師の寺にいればそれだけで箔《はく》がつくからだ。しかし、そのときにはすでに、病気で苦しんでいる人を治してあげられるようなお坊さんになりたいという気持ちの方が強かった。言葉で説教するのではなく、実際に人を治したかったのである。ずうっと母親が病気で苦しんでいるのを見てきたことも、その大きな理由であった。

母親はそれまでに14回も胃潰瘍になっていた。私は、母の病気の原因は自分のせいだ、そうに違いないと思っていた。だからこそ、その苦しみをなんとかしてあげたかったのだ。

私は、仏教の教えのなかに、きっと病気を治す術《すべ》があるに違いないと思った。仏教は人間そのものを説いている。病気を治す方法もあるはずだと思った。

お坊さんとしてのエリートコースをとるか、東洋医学の道に行くか迷った。

そして、2年間の修行生活も終わろうとするころ、自分を省みた。

見た目だけはお坊さんらしくなり、作法もできるようになっている。読誦の声もきちんとしている。まわりからも、「住職」「お寺さん」と呼ばれるようになり、肩書きもよくなった。信用されている感じがして、自分が偉くなったと勘違いするほどだった。

だが、冷静に自分を省みたとき、「口だけ大将」の、中身のない偽坊主だと思わざるをえなかった。

葬儀では、檀家さんから「供養していただいてありがとうございます」と感謝してもらっている。しかし、本当に供養になっているのかどうか、いまだによくわからない。教わったことを言われたとおりやっているだけだ。モノマネでしかないのである。

自分はひょっとして、おのれ自身を騙し、人を騙し、神仏まで騙しているのではないか。騙したうえでお金までもらっているのではないか。そのように思えたのである。だから、檀家さんに「お坊さんに供養してもらっているから」と言われると、心が痛んだ。永平寺で教わったとおり、たんにオウム返しのようにお経を読んでいるだけで、それで供養になっているわけがないと内心では考えていたからだ。お経という文言を開いた開祖様に申しわけない気持ちでいっぱいだった。

開祖は命をかけ、人生をかけて経文をつくったのに、僧侶の私はそれを商売にしている。

開祖は、お経を商売にするために説いたのではない。天と地の架け橋をつくるために、そして迷い苦しんでいる人に、救われる道を説くためである。

だからこそ、僧侶たる自分は神仏の媒体になるために、日々精進しなくてはいけない。私は自己満足の僧侶だ。本当に「口だけ大将」の、まさに「裸の王様」だと思えた。

結局、私は老師の誘いを断り、東洋医学の学校に行くことにした。老師と離れることになるのは悲しかったが、いろいろな肩書きをつくって坊さんとして認められるより、世間に認められなくてもいいから、自分で自分を認められる本物の人間になりたかったのである。

実家の寺を継ぐ

病気を治せる人になろうと思い立った私は、まず、死亡率ナンバーワンといわれるガンを治せるようになりたいと思い、東洋医学の学校に入った。

残念ながら、そこでは自分の理想とする治療にたどり着けず、結局、併せて3校もの学校に通ったが、それでも自分が求めていたものにはたどり着けなかった。

再び大きな挫折を味わい、「自分もここまでか」と思った。そうして、なにもできないまま、同じ偽者なら、肩書きもよく生活も安定している実家の寺を継ぐほうがいいだろうと、実家の寺に帰ることにした。

お寺の仕事は、檀家の家に行き、お経を読むことである。だが、それはあくまで「仕事」で、本当に供養になっているかどうかわからない。永平寺で修行をしたといっても、霊的な修行をしたわけではない。お坊さんとしてやっていくための一連のことを習得する、私にとってはいわば職業訓練みたいなものである。2年間、そんな修行ともいえぬ修行をして実家の寺を継ぎ、まわりから「立派なお坊さんになったね」などと言われても、自分がなにをしてきたかは自分が一番よく知っている。自分は僧侶として光を降ろすこともできない。

しかし、心のなかではなんと思っていようと、仕事は仕事であると割り切って檀家まわりをし、お経を読んでいた。

檀家まわりをしていると、病気で苦しんでいる人を見るようになる。年配の人は程度の差こそあれなんらかの持病を持っている。自分の母親も持病の胃潰瘍で苦しんでいる。そういう姿を見るにつけ、言葉だけ立派なことを言い、結局はなにもできていない自分……人を責めてばかりいる自分に気付くことも多かった。

自分がいかに言葉ばかりの人間なのか、そう思うと、今さらながら情けなく、惨めな思いがしたのである。

第2章　波動良法 完成への道

新たなる決意

東洋医学の学校では、痛みを取るさまざまな施術法を習ったが、お坊さんになってからは、そうした施術をすることもなく、たとえ頼まれてもやらなかった。確信に至っていなかったからである。万が一失敗したらと思うと、怖かったせいもある。特に、自分の大事な人には施術することはできなかった。

僧侶の仕事と東洋医学で身につけた治療、どちらも同じ迷いのなかにあった。なんとかして、誰もが信じて疑わない施術法を編み出したいと思っていた。

自分をごまかしてお坊さんとして生活していくこと、それは自分の心が許さない。このままでは駄目だ、そう自分の心が訴えてくる。その訴えを打ち消そうと思っても打ち消すことはできない。自分の内なる「中心」が叫び続けているからである。

そこで決心した。目に見えないこと、いままで証明できなかったことを、なんらかの形で必ず証明してみせる。実際に光を見せ、「こうやって供養するのです」と言えるようになろう。そう心に誓ったのである。

五井昌久先生

そこでさっそく、それまでの安定した生活をやめ、自分の修行に力を入れることにした。

だが、具体的にどうやって取り組めばよいのかわからない。とりあえず「師」と呼べる人を探すことにし、「どこかに本物の人はいないか」と、いろんな本を読みあさった。当時の私は、「言葉ならなんとでも言える。実際に証明する実証の人しか信じない」という心境だった。そんな考えだから、なかなか見つからないのも無理はなかった。

そんなとき、ふと、ある武道の達人が五井昌久先生のことを話していたのを思い出し、本を取り寄せることにした。

その本には、守護霊守護神様のことが詳しく書かれてあった。そういえば、私が小さいころ、お腹が痛くなると、祖母がいつも本堂へ行き、「守護霊様守護神様ありがとうございます」と唱え、お腹をさすってくれていたことを思い出した。あとから知ったのだが、祖母は五井先生の著書を読んで勉強していたらしい。

五井先生の著書『神と人間』を読むと、最初のページに、霊光写真が掲載されていた。五井先生の肉体でなく、光体だけが写っている写真だという。その霊光写真を見た瞬間、この人こそがまさに私が追い求めていた「師」だと思った。

五井先生は、自分の本体と合体され、霊覚者となられた方である。私はそのとき、五井先生の本を参考にして命をかけて取り組めば、必ずなにかが得られると確信したのである。

霊的修行へ

まず、早起きからはじめた。「早起きは三文の得」と言われるように、早起きにはいろいろとよいことがある。私にとっての早起きは、怠惰な自分とがんばろうとする自分との戦いなので、精神を鍛えることができる。それに加えて、3時から6時の間は「光明の気」が降りているということを知っていたので、3時に起きて瞑想をすることにした。

それと同時に、守護神霊との一体化を目指した。神仏は必ず見ている、必ずできるという強い気持ちがあった。仏なる自分が教えてくれることを信じ、何ヵ月もの間、内なる声に耳を傾けた。自分のなかにいる仏、自分の本体に合体すること、そうすれば、自分のなかの仏が必ず私の求める治療法を教えてくれるはずである。指導者はいない。しいていえば、自分の内なる声が指導者である。自分独自の霊的修行であった。

そうした霊的修行をやっていくうちに、ボディビルダーのようだった自分の体格がみるみる痩せ細っていき、顔も痩せこけていった。毎日嗚咽をするようになり、少し動いただけで息切れがし、動悸が激しくなった。まわりから病院に行くことを勧められるほどひどい状態となった。

そして「もう駄目かもしれない」と思ったとき、「霊夢」を見たのである。聞いたともない優しい音色が聞こえてきた。目を開くと、誰かの膝を枕にして自分が横たわっていた。誰だろうと思った瞬間、それが五井昌久先生であることがわかった。神仏は見ていてくれているのだ、と確信した瞬間である。あきらめずがんばろうと思った。

またあるときは、就寝中に急に目が覚め、なにかに包まれている状態になって、ジィーという音とともに目の前に円い光が現れたこともある。その円光は、回転しながら降りてきて、私の眉間に入った。さらに、両方の肩口（肩先）付近に2つ円光ができ、回転しながら肩に入ってきた。続いて、腹、ひざ、足首と順に円光が入ってきた。しばらく経過をじっと見ていたが、右足首が軽く痺れて終わった。何事もなかったかのように、私はそのまま眠りに入っていった。

そうした霊的経験を重ねてゆくうち、私の確信はますます強くなっていった。神仏が私になにかを教えてくれているのだと思った。

霊的体験はその後も続き、あるときは、身体がすっぽりなにかに包まれ、頭上から波動が右回りしながら入ってきたこともある。

このようにして、霊妙な波動を幾度となく体感したことが、波動良法完成のためのしっかりとした骨組みになった。それと同時に、私がそれまでに経験したことのすべて、野球、ボクシング、寺の修行生活、東洋医学3校で学んだこと、すべてが総合的にまとめあげられ、施術のための役に立ったのである。

すべての人に知っていただきたいのは、この瞬間、すばらしい自分に変われば、過去の嫌な出来事も、思い出したくない過去も意味あるものとすることができるということである。そのとき、あなたは過去を変えた人となる。過去は変えられるのだ。

波動良法の迷い

こうして波動良法を完成させたのだが、その後、いくつかの疑問が湧いてきた。なかでも大きな疑問点は、次の2つである。

「痛みを消す行為は、宇宙の法則に反しているのではないか」

「この霊力は低級霊の作用ではないだろうか」

この2つの疑問に対する私の答えは、次のようなものである。

波動良法は、自分が守護神霊と一体となり、相手の守護神霊との協力により、自然治癒力を引き出す方法で、その結果として痛みが消えるというものである。だから、宇宙の法則から逸脱してはいない。

そしてまた、波動良法は宇宙の法則に則って病気を治すのだから、相手の進化の妨げにならないので低級霊の作用ではない。

――これが私の出した答えではあったが、そのころの私は「それで間違いない」という確信を求めていた。

波動良法は、私が一人で開発した施術法であり、疑問点についての答えも自分一人で考えたものである。それが正しいかどうか、たずねる人はいない。どうしたらいいのだろう。

そこで、五井昌久先生の後継者である西園寺昌美先生に手紙を出してみることを思いついた。西園寺昌美先生は、五井先生が指導した人であり、霊覚者であるということは知っていた。だから、波動良法の是非についてたずねるのは、この先生をおいてほかにはいない。本当のことを知るには、西園寺先生に訊くしかない。もし波動良法が低級霊の作用であると言われたなら、私は潔く治療の世界から身を引こう。

そう思いながら、とにかく手紙を出すことにした。おそらく返事は期待できないだろう。だが、自分にはほかの手立てはない。

手紙には、波動良法の資料に加えて、そのときの自分の気持ちをありのまま伝えた。

すると、すぐに返信の手紙がきた。恐る恐る手紙をあけたところ、

あなたの言っていることは事実です。

自信を持っておやりなさい。

と、そのような内容が書かれてあった。

その手紙を読んだ瞬間、これで自分の理想とする治療ができる、自信を持って治療することができると確信した。やっと完成したと、感無量であった。

そして、いつの日か西園寺昌美先生にお会いして、ここまでやってきましたと報告

できるように、がんばってやっていこうと決意した。

こうして私は波動良法の施術に邁進することになった。

そして17年が経ったある日、私は波動良法の治療家として西園寺昌美先生を紹介していただくことになった。

念願叶って西園寺先生を紹介されたときは涙が出そうになったが、その瞬間、内なる声が「まだ、終わっていない」と叫びを上げた。

「そうだ、ここからまたはじまるんだ」と気付き、涙をこらえた。そして、西園寺先生に17年前にいただいた手紙を見せ、そのことを励みに治療してきましたと報告をすることができた。

波動良法は誰にでもできる

これまで私は、僧侶としての本当の役割、つまり人を救うという役割を果たしたい一心で、その方法を模索してきた。その結果、自分の身体をゼロの波動にもっていくことで宇宙エネルギーを相手の仙骨に繋げ、仙骨と宇宙エネルギーとを共鳴させて、自然治癒力を高める方法を体得することができるようになった（詳しくは後述）。

人には、それぞれ専属に守っていらっしゃる守護霊様守護神様がおられる。私の場合、その守護霊様守護神様の導きによって、自分の理想とする治療方法が完成した。波動良法は、写真（第3章で紹介）を見ても経緯を見てもわかるように、神霊治療でもある。

神霊治療というと、特別な人しかできないというイメージを持つ人も多いが、そうではない。波動良法は、やる気になれば誰でも必ずできる。

ただ、そのためには、一人ひとりが守護霊守護神様の存在を知ることが必須となる。あとは、宇宙エネルギーを降ろす練習を積めば、誰でもできるようになるのである。

人生において、病気というものは避けて通れない。その病気に対してどう取り組むかによって、人生は幸福にも不幸にもなる。

一家族に一人、波動良法を使える人がいれば、どれだけ救いになるだろうか。一家族に一つ薬箱があるように、一家族に一人、波動良法ができる人が育つことを私は祈願してやまない。

※　※　※

松本先生の波動良法に期待する

高知県中村市立市民病院　名誉院長
氏原　一

現代医学が日を見張る勢いで進んでいる今日、その陰で医療ミス事件が毎日のように新聞に掲載されている。また、原因のわからない、いわゆる難病患者が日々増え続けている。

そのようななかで、松本光平先生の波動良法は、病める患者さんに一条の光を与えてくれるに違いないと、私は深く確信している。

痛みに苦しんでいる患者さんに、副作用の心配のある薬を与えることや、治る見込みのない人に放射線などによる治療をすることが、本当にその患者さんのためになるのか。延命だけが、救いの道になるのか……。

西洋医学と東洋医学、どちらがよいかなどは、患者さんにとってはどうでもよいことである。患者さんにとって大切なことはただひとつ、病気が治ることであり、痛み苦しみから救われることである。

そのためには、西洋医学と東洋医学が手を取り合い、協力し合い、補い合うことである。それは、患者さんのためになるばかりではなく、医学全体を大きく発展させることにもなるであろう。

薬が効かずに苦しんでいる患者さんの痛みが短時間で消え、副作用がないならば、こんなによいことはない。痛みが消えるということは、医学的に見て、自己治癒力が引き出されている結果だと、松本光平先生は言う。その考えには、共感できるものがある。

人間には本来、自分の身体を自分で治す能力が備わっている。ならば、その自己治癒力を最大限引き出すことこそが、真の治療法だと言えるのではないだろうか。もちろん、現代医学は高度に発達していて、多くの症状をコントロールすることに優れている。だからこそ、二者択一的に治療法を選ぶのではなく、両方の療法を上手に組み合わせることによって、最高の療法になると考えられるのである。

私は、いうまでもなく西洋医学の立場に立つ、西洋医学の専門家である。その私をも含めて、いまやすべての医師が、人間の命の尊さ、肉体を思いやる気持ちを大切にしていかなければならない時期が来たのであろう。

21世紀における代替医療の真の第一人者として、これから大いに松本光平先生のご活躍を期待してやまない。

一筋の光の道、医療とは祈りである。

第3章　「波動の力」とはなにか

信じても、信じなくても

人は生きているなかで、さまざまな悩みや苦しみを抱えることになる。

人間関係、金銭関係、家族関係など、毎日の暮らしのなかで抱える悩みは数知れない。なかでも、病気による悩みや苦しみには、人一倍のものがある。

現代は、二人に一人がガンにかかると言われている。ステージⅣになって余命宣告を受けた人の苦しみは、いかばかりのものだろうか。

そこまでいかなくても、不定愁訴で定期的にひどい頭痛に襲われたり、リウマチで関節痛に見舞われたりといった症状は、その人にとって耐え難い苦しみとなる。

私はこれまで、そうした苦しみや悩みをいかにすれば取りのぞいてあげられるか、そのことに心血を注いできた。そうしたなかで「波動の力」を見出すにいたったのである。

波動の力は、病気による痛みや苦しみを取りのぞくだけでなく、人生に新たな展開をもたらしてくれるものである。だが、波動の力はこれまで科学的に立証されたことがなかった。そのためだろうか、波動そのものが一般には「疑似科学」として扱われている。

しかし「愛の姿を見たものはいないが、愛の効果は医学的に証明されている」という有名な言葉があるように、波動そのものを見た人はいないが、波動の力による医学的効果には、数知れないほどの実例がある。

「信じる者は救われる」などと言われているが、「波動の力」に関しては、そうした信仰心とは無関係である。「信じる、信じない」に関わらず、必ず効果が現れるのである。それも、本人はもちろん、まわりにもはっきりとわかる大きな効果である。

宇宙に満ちているエネルギー

ところで、科学（物理学）で言う波動というのは、「媒質中の状態変化が順次に連続的に有限《ゆうげん》の速度で周囲の他の部分に伝わる現象」で、英語では「WAVE」（ウェーブ）に当たる。しかし、私が扱っている波動は、それとは異なっている。

私が扱っている波動は一種のエネルギーであり、振動と言い換えることもできる。英語では「VIBRATION」（バイブレーション）となる。中国では「気」、インドでは「プラーナ」と呼ばれている。

波動がどういうエネルギーであるかについては、まず宇宙のことに触れなければならない。

この宇宙は、原子などの物質だけで成り立っているわけではない。それどころか、原子などの物質は宇宙全体の５%ほどで、残りはダークエネルギー（暗黒エネルギー）が68%、ダークマター（暗黒物質）と呼ばれるエネルギーが27%となっている。

つまり、ダークエネルギーとダークマターをあわせると約95%になり、この宇宙のほとんどが未知のエネルギーでできているということになる。

宇宙空間はなにもない暗黒の「空《から》」の世界、エネルギーなど存在しない世界だと考えられていた。それが、現在ではダークエネルギーやダークマターなど、エネルギーに満ち満ちた世界であることがわかった。

ダークというのは、「闇」「暗い」「黒っぽい」という意味なので、ダークエネルギーは「どす黒いエネルギー」だと思われがちである。しかし、そうではなく「謎のエネルギー」という意味である。ダークマターは「謎の物質」という意味である。ともに「どす黒い」という意味合いはない。

波動良法の「波動」は、そうした宇宙空間に満ち満ちたエネルギーのことを指しているのである。

仙骨を蘇らせる

ご存知のように、私たちの身体は37兆個の細胞からできあがっている。数年前までは60兆個といわれていたが、研究が進み37兆個であることが明らかになった。

宇宙にある星の数は「2千億×1千億」と推定されている。

細胞の数にしても星の数にしても、いずれも膨大な数なのだが、私たちを成り立たせている物質も、宇宙を成り立たせている物質も実は同じである。

ということは、私たちの身体には、宇宙に満ち満ちている調和のとれた美しいエネルギーと同じエネルギーが満ち満ちているということだ。

このことは、芸術の真髄にも通じている。たとえば「文学の真髄は文体である」といわれているが、志賀直哉や谷崎潤一郎などの名文を読むと、文章が一定のリズムで、ある旋律を奏でていることが感じられるそうである。しかも、それが調和に満ちた宇宙のリズム・旋律と共鳴しているという。

そして、そのリズム・旋律に身を委ねているうち、胸のうちから充足した歓びが湧きあがってくる。音楽で言えば、モーツアルトを聴いたときにも同じ歓びを感じる。

こうしたリズム・旋律が、振動あるいは波動であり、人間の体内から発する振動が調和のとれた美しいものであれば、宇宙の振動と共鳴する。それが私たちに深い歓びをもたらしてくれるのだ。

その振動が乱れると、歓びとは逆の結果をもたらす。すなわち病気や苦しみ、悩みなどとなって現れるのだ。

では、振動・波動の乱れは、どういった原因で起こるのか。およそ次の４つである。

1、ケガなど肉体が損傷を受けることによって

2、心や精神が傷を負うことによって

3、生活習慣の乱れ

4、霊障

心身の損傷や生活習慣の乱れ（＝マイナスエネルギー）が自然治癒力の源である仙骨に取り巻き、覆いつくすことによって、仙骨が本来の働きができなくなる。そのことが、自然治癒力を衰えさせ、心身の不調をもたらす。

逆に言えば、仙骨に取り巻いているマイナス波動を取りのぞけば、本来の働きが蘇ってくるのである。

仙骨もバイブレーションを発している

さらに、波動良法の秘密とも言うべきものをここで開示すると、仙骨も、じつはバイブレーションを発しているのである。

ちなみに、手を仙骨のある下腹部の上に当て、感覚を研ぎ澄ませてみよう。そのバイブレーションを感じることができるはずだ。

具体的には、まず、呼吸に意識を集中し、細く長く息を吐く。次に仙骨に意識を集中する。すると、肺呼吸に連動するように、仙骨も呼吸しているかのようなバイブレーションを発していることがわかる。

その仙骨を、現代医学では、固い板状の骨としている。死体解剖などをして、仙骨を取り出すと、たしかに「固い板状の骨」である。それは、人が死んだとき、仙骨も死んでしまっているからである。

仙骨が生きていたときには、間違いなくバイブレーションを発していた。バイブレーションは細かな振動につながっているので、動いていないわけがない。つまり、人間が生きているときには、仙骨は「固い板状の骨」などでは断じてないのだ。精度の高い微妙な動きでもって、上半身と下半身をつなぐ重要な役割を担っていたはずである。

それだけではない。仙骨は、身体の左右のバランスをとっているのである。身体が右に傾いたときには、仙骨は左に行く。

高齢者になってバランスをとるのが難しくなるのは、仙骨の機能が弱るからである。身体が右に傾いたからといって、即座に仙骨が左に行ったりはしなくなる。行くには行くが、わずかに遅れる。すると、傾いた身体が、さらに傾度を増して倒れそうになる。そのときに，仙骨が追いついてバランスをとろうとするので、グラグラしているように見えるのである。

仙骨は、身体の左右の中心、上半身と下半身の真んなかに位置している。身体の上下左右の中心に位置して、精度高く微妙に上下左右に動き、バイブレーションを発し、バランスをとっているのである。

人間の二足歩行

人間が二足歩行できるようになったのは、仙骨のおかげである。身体のバランスをとることだけだったら、人間よりも上手な動物がいくらでもいる。しかし、動物のなかで完全に二足歩行できるようになったのは人間だけである。

チンパンジーも二足歩行できなくもないが、ぎこちなく、その距離は短い。完全に二足歩行できないのは、仙骨が平らだからである。

人間の仙骨は球体を包み込むような形をしている。その形からくる機能によって完全なる二足歩行が可能になったのである。

人間が完全なる二足歩行をしたとき、立ち上がって足を前に出したわけではない。まず前に出たのは仙骨であり、仙骨が前に捻じり出て、それにともなって足が前に出たのである。それをくり返すことにより、人間は歩いているのである。

人間と他の動物とを分けるものは、じつにこの仙骨なのである。

インドの古法ヨガ

仙骨のバイブレーションが弱くなると、歩くことが辛くなる。さらに弱まると、立っていることも辛くなり、横になりたがる。さらに弱まると、横になったまま起き上がれなくなってしまう。

その状態が重病患者である。重病患者には、さまざまな病名がついているが、いずれも病院のベッドで寝たきりになっている。症状も病名も違うため治療方法も違うのだが、「ベッドで寝たきり」は同じである。

波動良法は、風邪からガンまで、施術方法は同じである。仙骨を治療しているからである。そのことにより、どのような病気にも大きな効果をもたらしている。それは、仙骨のバイブレーションが弱くなったときの逆を行っているからである。

仙骨のバイブレーションが、なぜ全身に届くのかと疑問に思う人もいるだろう。仙骨のバイブレーションが頭頂部まで届く道筋については、すでにヨガや気功が明らかにしている。

ヨガといえば、バタンジャリがまとめた『ヨーガスートラ』を思い浮かべるだろうが、それ以前の書物のなかに、古法ヨガはすでに説かれている。

それは、紀元前1000年~500年に成立した『ヴェーダ』、紀元前800年~500年に成立した『ウパニシャッド』、紀元前500年~200年に成立した『ヴァガバッド・ギータ』などである。

古代インドの修行者たちには、それらの聖典のエッセンスのひとつである「永遠の今」という観念を持つ人が多かった。「永遠の今」は、覚《さと》りへの道にとっては重要な観念だが、他方で歴史意識を弱め、さらには歴史意識をなくしてしまうものでもある。

隣国の中国は、文字を発明し、世界で最初に印刷をおこない、それぞれの王朝がそれぞれに歴史を書いて残した。それぞれの王朝に都合のいいように歴史を書いたわけだが、それが歴史意識を高めることになった。

そのインドと中国の歴史意識の違いにより、多くのものが中国のオリジナルであるかのように喧伝され、それらが信じられるようになったのである。

前置きが長くなったが、そのことがヨガと気功の関係にも見られる。中国で言う「気」とは、インドで言う「プラーナ」のことであり、「気功」の淵源は「古法ヨガ」

なのである。

スシュムナとクンダリニー

仙骨のバイブレーションが頭頂部にまで届く経路は、古法ヨガおよびヨガでいうところのスシュムナである。スシュムナは、尾骨末端から脊髄を通って脳天に至るエネルギーの通り道であり、気功でいうところの「脈」(気の通り道)である。

ヨガのなかでは最も高度で危険だとされているクンダリニー・ヨーガでは、クンダリニーはすべてのチャクラの根であり、すべてのチャクラの本体であるとされている。クンダリニーは、普段は第1チャクラ「ムーラーダーラ・チャクラ」(=仙骨)に眠っているとされている。別の伝達者によれば、気付かないほどの穏やかなレベルで覚醒しているとされている。

そのさまは、蛇が3回半とぐろを巻いたようだという。そのクンダリニーが、シャクティ女神として目覚めて、脊髄沿いに上昇する。これは、聞いたことがあるはずだ。尾骨末端から脊髄を通って脳天に至るエネルギーの通り道、すなわちスシュムナである。

シャクティ女神として目覚めたクンダリニーが、脊髄沿いのスシュムナを昇っていき、頭頂部上方のサハスラーラと再結合を果たす。「再結合」というのは、もともと結合されていたからである。頭頂部上方のサハスラーラ・チャクラには、元々シヴァ神が鎮座しておられた。シャクティ女神は、そのシヴァ神と再結合されるのである。それがクンダリニー・ヨーガの成就である。

日本の密教の軍荼利明王は、クンダリニーであるとも言われている。

クンダリニーは、受精直後の人間の肉体の形成からはじまり、成熟させてから死に至るまでの一切に関わっている。人間を進化させる究極の力であるとされている。

カルマと過去世

人間は、宇宙エネルギーを受けることによって進化していく。そうして、仙骨が進化のための宇宙エネルギーを受けると、それを人間およびその人のカルマにあった形に変換する。

このことはとても重要である。この世に今生きている人は、それぞれに過去世を持っている。その過去世での行為および行為による結果の記憶がカルマである。カルマは現世における行為だけではない。この世に生きている人はすでに忘れてしまっている前世、前々世……、それらすべての過去世の行為とその結果の記憶も、じつはカルマなのである。

そのカルマは、現世の人のどこに記憶されているのか。

ユングならば「それは集合的無意識のなかに」と言うであろう。フロイト派の心理学者ならば「それは潜在意識のなかに」あるいは「無意識のなかに」と言うであろう。

私は、過去世のカルマは仙骨のなかに記憶されていると思っている。だからこそ、仙骨は進化エネルギーをその人に合わせて変換できるのである。

いま私は「過去世の行為とその結果の記憶」と書いたが、「過去世の行為」には、思ったこと、あるいは意識も含まれる。

カルマを語るとき、その行為のなかには、思ったこと、言ったこと、考えたこと、感じたことなども含まれる。だからこそ、この世で思うこと、言うこと、考えること、感じることは、大切なのだ。転生した次の人生で、それが前世のカルマとなるからである。

思うこと、言うこと、考えること、感じることなど、死んでしまえばすべて消えると思うことは、しごく当たり前のように聞こえるが、じつはそうではない。それらは、重さとしては「ない」ほどの軽さではあるが、必ず残る。「残念」は残り、ときには宇宙を彷徨《さまよ》い、次の人のなかに入り、前世のカルマとなり継承されるのである。

仙骨の3つの役割

仙骨は進化のためのエネルギーを受ける器官であり、その人に合うように進化エネルギーを変換し、スシュムナを通って頭頂部にまで伝達する。

それとともに、仙骨は独自にバイブレーションを発している。そのバイブレーションは円形に層をなすように広がっていき、瞬時に全身を覆い尽くす。

波動良法では、仙骨に宇宙エネルギーを降ろしているが、仙骨は元々太陽エネルギーを受ける器官であった。このときの太陽エネルギーは、進化のためというよりも、生命エネルギーとも呼ぶべきものである。

なんらかの病気になるというのは、太陽からの生命エネルギーが不足しているということである。仙骨の機能が弱っているケースも多い。そのため、私がこのサイクルに介入し、その人の仙骨に宇宙エネルギーが降りやすくするのである。

その人の仙骨に宇宙エネルギーが降りやすくなれば、宇宙エネルギーは自然に降りてきて、その人はすぐに元気になる。つまり、仙骨はおもに３つの役割を担っているということになる（これは、現在、私が確認できていることであり、そのほかにもまだいくつかの役割を担っている可能性がある）。

１つ目は、太陽の進化エネルギーを受けて、頭頂部にまで伝達する。

２つ目は、太陽の生命エネルギーを受けて、心身を形成し、育み、成熟させる。

３つ目は、独自にバイブレーションを発して、心身を健全に保つ。

クンダリニー・ヨーガでは、進化エネルギーはもともとクンダリニーにあったとしている。カルマの全記憶も仙骨にあるということだから、そうであるかもしれない。

しかし、太陽エネルギーがまったく必要でないとは考えにくい。

これら3つの役割は、はっきり3つに分かれているのではなく、互いに助け合うような関係で、同時的に成り立っている。

仙骨は治し方すべてを知っている

前にもふれたように、ヨガでいわれるところのクンダリニーとは、「仙骨」のことである。仙骨は、太陽から受けた進化エネルギーを、その人に合わせて変換し、その人の全身の全細胞に伝える。そのことの総体が、「クンダリニーの覚醒」といわれているものである。

仙骨にとってみれば、クンダリニーの覚醒は、仙骨がおこなっていることの一部分であり、仙骨の役割のすべてではない。

希代の神秘思想家グルジェフは、クンダリニーは人間が地球上に存在する目的を知られることがないように安全装置として取り付けられたとしている。

尾骨から脊髄を通って脳天に至るエネルギーの通り道・スシュムナは、仙骨が発するバイブレーションのおもな通り道である。ただし、仙骨のバイブレーションは、基本的には仙骨を中心にいくつもの円形の波動として全身に広がっていく。それが日常的な仙骨のバイブレーションの流れである。

それとともに、さながらクンダリニーの覚醒のように、脊髄に沿って上昇していくものもあり、それが覚醒と進化をもたらすのである。このときエネルギーが上昇していく通り道はスシュムナなのだが、仙骨発のエネルギーは、それだけではない。

足が痛いということは、細胞が「痛い」という信号を出して、足を動かしてはならないと教えているわけである。その「痛い」という細胞の信号にも、仙骨は関わっている。というよりも、仙骨が足の細胞に関わることによって、「痛い」という細胞の信号を出させて、足を動かさないようにしているのである。

だから「仙骨は治し方すべてを知っている」のである。それは、仙骨が関わって出している信号を無視してはならないということでもある。

仙骨も細胞も、間違うことはない。間違ったことをするのは、人間の判断であり、その判断をもたらす頭脳である。それに、ときには心も間違った方に人間を向かわせることがある。

仙骨が「痛い」という信号を出させたり、心身のバランスをとろうとしたりするときに、それらの働きをブロックすると、ほかのものでなんとかしようとする。それが、ケガであったり、病気であったりする。ときには、肉親の死であったり、天変地異であったりもする。

仙骨に共鳴させる

私が実践している「波動良法」を一言で言うと、「相手の自然治癒力の源である仙骨を、瞬間に宇宙エネルギーと共鳴させて目覚めさせる」方法である。

そもそも身体は、治り方、治し方を知っている。だから、自然治癒力を回復させることができれば、あとは放っておいても勝手に治していく。

目的は自然治癒力の回復であり、それをさせるための方法が「仙骨の共鳴」である。

次ページの写真を見ていただきたい。

これは、仙骨と宇宙エネルギーを共鳴させることができたときの写真である。

仙骨にきちんと光が降り、共鳴させていることが確認できる。

身体の素粒子を一つに

詳しくは後述するが、物質を構成する最小の単位は素粒子である。人間の身体をはじめ、あらゆる物質は素粒子からなっているが、その素粒子を感覚的に瞬時に仙骨に集め、一つにすることができると、「仙骨を共鳴させる」ことができる。

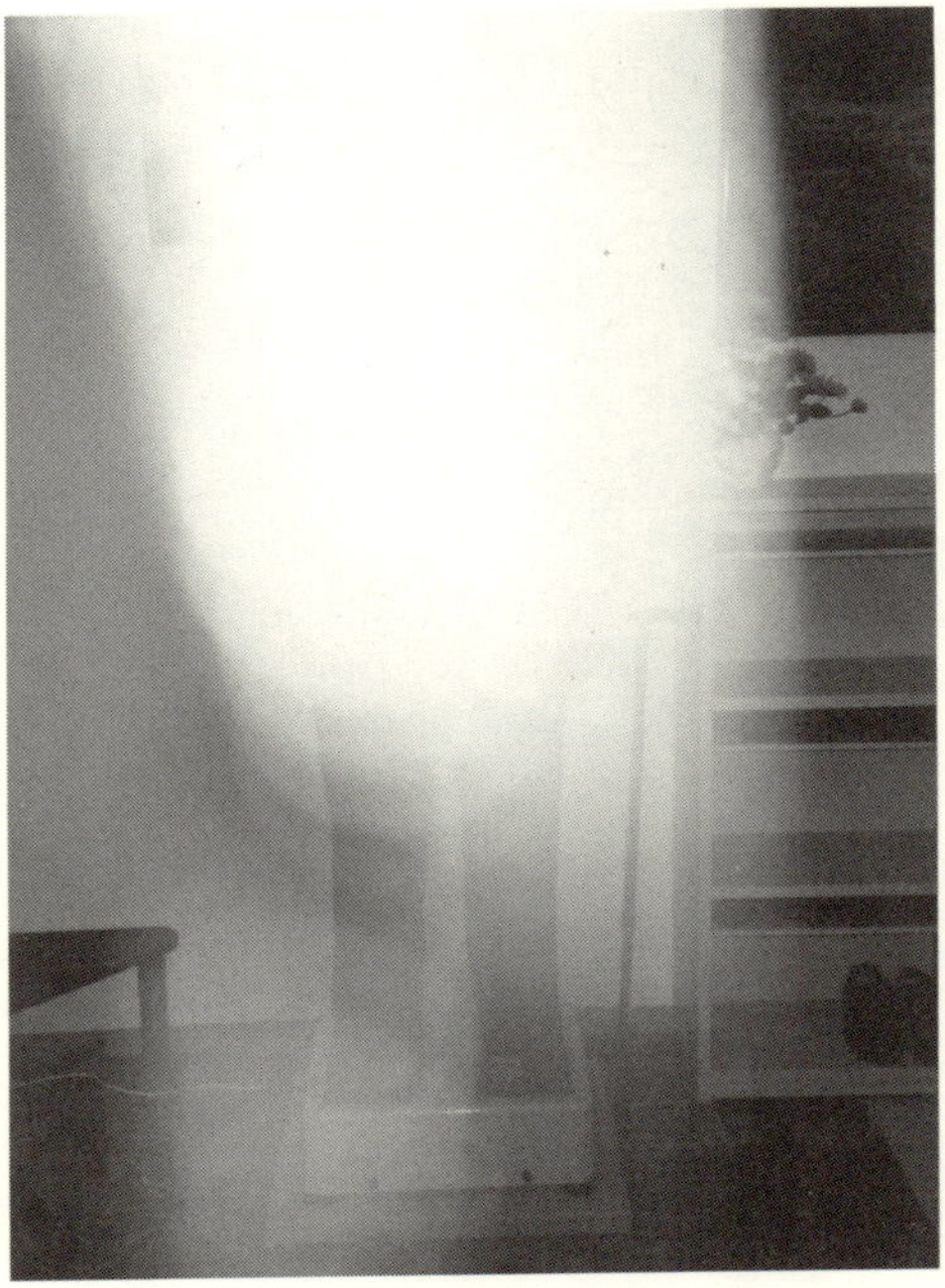

仙骨に入る円光エネルギー

では、そのとき、身体はどのようになるのか。

私が相手の手首を握り、相手が腕を上に上げると、私の身体は大きな軽い球体になり宙に上がる。

そのときの写真を次ページに掲載した。

宙に上がる身体

身体は軽くなり宙に上がるのだ。この写真を見せたとき、「ジャンプしているみたいですね」と言われたことがある。だが、そうではない。それは足の位置関係を注視すればわかる。ジャンプで、これだけ高く人の身体をあげることはできない。

仙骨は宇宙エネルギーを受信する、生命エネルギーの司令塔でもある

西洋医学では、仙骨は脊柱を支え、上半身と下半身とをつなぐ重要な役割をしているとされている。ヨガの世界では、龍神が眠っているとされている。

仙骨は英語でセイクラム、神聖な骨である。

仙骨は宇宙エネルギーを受信する部位とされ、同時に生命エネルギーを司る司令塔として位置づけられている。

そのため、ここが異状をきたすと、宇宙エネルギーをうまく受け取ることができなくなり、加えて生命エネルギーの流れが滞って、全身の波動が異状をきたし、病気や痛みをもたらすことになるのである。

封印を解き放つ

仙骨に宇宙エネルギーを直結させ、瞬間に目覚めさせた後は、5分間仰向けに寝る。そうして、身体の動くままに任せるのである。私は、動きの邪魔をしないよう、その場を離れる。

身体の骨格および細胞は、自分の行きたい方向に行く。今までのしがらみから解き放たれたかのように、自由に本来の安住する場所へと戻っていくのである。

施術者の力や思惑が関与しないことが、この治療における最大の特長だ。そのことにより、１００％成功に導くことができるのである。

施術者がこの動きに関与してしまうと、成功したり失敗したり、結果が定まらない。人間の思惑がそこに介在してしまうと、身体が求めていないことを、よかれと思ってやってしまうこともある。身体が求めていないことをしてしまうと、大惨事になることもあるのだ。

故に、どんなに凄いと言われている治療家でも、自然治癒力の前では無力といえよう。

自然治癒力は、最高の名医である。

自然治癒力の証明

身体の動きに任せて5分後、本当に自然治癒力が引き出されているかどうかを確認する。そのために施術前に圧痛点を調べ、そこに目印のシールを貼っておく。素肌に貼れるところならばどこでもいいのだが、肩口付近が簡単に貼れるので、何箇所も押しながら貼っていく。押したときに痛みがあるところは固まっていて、悪い方向に向かっていることを、私と相手が、ともに認識することができる。

このときの痛みは、大した痛みではないから、または、押さないとわからない痛みだからと、多くの場合は放っておかれる類のものである。だが、それらの悪い因は蓄積されていくと同時に、身体全体に少しずつ悪い影響を起こしているのだ。この痛みのポイント＝圧痛点によって見えてくるのは、まず身体の歪みである。骨格のまわりに付随する筋肉細胞が、あるべき位置に整わないために、機能が低下し、固まっているのだ。

この痛みをお互いに確認し、施術をはじめる。

仙骨に光を降ろす

一瞬にして、相手の仙骨に光を降ろし共鳴させ、5分間寝てもらう。

仰向けになって寝てもらったときに、腹部の圧痛点を確認することもある。だが、5分間寝てもらうのには変わりがない。

5分後、圧痛点を自身で押してもらい、痛みが消えていることを確認する。痛みが消えていることがわかる。痛みが消えるのは99％以上の確率であり、人間の持たされている偉大な力（＝自然治癒力）をかいまみる瞬間でもある。5分という短時間で、身体のなかでどれだけのことがおこなわれているのかははかりしれない。まさに人間の、無限の可能性を目の当たりにするときでもある。

わずか5分間に全身の骨格が動いて本来の位置に戻り、まわりの筋肉細胞もあるべき位置に戻ったということである。

病気はいきなり起きることはない。小さな歪みで起きる圧痛点をそのままにしておくと、それが積み重なって病気になる。圧痛点をそのままにしていると、たとえわずかな痛みであっても、しだいに積み重なり、強い痛みになって病院に駆け込んだり、病気になって薬をのんだり、手術をしたりするようになるのである。

部屋のなかだって、突如として汚くなったりはしない。掃除や片づけをさぼることが重なって、徐々に汚くなっていく。部屋を綺麗にするときも同じである。いっぺんに綺麗にしようとすると、どこか手抜かりがあったりするものだ。

病気も同じである。自然治癒力が働きやすいように、長年にわたって積み上げてきたマイナスエネルギーを、コツコツと消していくことが大切なのだ。

体は、治り方も、治す順番も知っているのである。

４つの証明

波動良法の原理について、自分の言ったことが証明できるようになるまで、人に話すことを避けてきた。

証明できて、なおかつ筋が通っており、小学生でもわかるシンプルな理論――それが私の理想とするものである。

そこで私は、４つの方法で波動良法の原理を証明した。その事実をもって、いまから10年前、確信をもって本を出版した。その後、本を出すたびに４つの証明のいずれかの精緻《せいち》を深めていき、今回の出版で７冊目となる。

ちなみに、波動良法の４つの証明とは、以下の通りである。

1. 神仏のエネルギーを写真に撮る。治療前・治療中・治療後、本来目で見ることができないエネルギーを写真にし、見ることができるようにする。

2. 科学的に立証する。波動そのものが疑似科学のように見られているので、正確な科学の目で波動良法の効果を立証する。

3. 波動良法を受けた直後の体感、実感を述べてもらう。圧痛点の痛みの消去・身体の重さ。

4. 武道においての証明。意識はエネルギーであり、人の意識は身体に影響をおよぼす。このことが最もよく証明できるのは武道においてである。武道において、調和のエネルギーを身体で体感させることができる。

1. 神仏のエネルギーを写真に撮る

波動良法中に起きている、通常では目に見えない現象

波動良法を受けると圧痛点の痛みがなくなるので、効果をはっきりと体感すること

ができる。しかし、波動良法を受けたことのない人のなかには、そんなことはありえない、目に見えないエネルギーをどう信じればよいのかと思う人もいるだろう。

そこで、エネルギーを普通のカメラで撮影してみたところ、はっきりと形としてとらえることができた。その写真によって、私自身も波動良法の効果を、より深く確信することができた。

わかりやすくご理解いただくために、写真をみながら波動良法前、波動良法中、波動良法後を説明しよう。その他にも、普段は目に見ることができない写真を撮影したのでご覧いただきたい。

暗黒波動、骨状波動

次のページの写真に写っている方は、腰が悪く下半身の痛みが続くため、４回も手術をしたのだが、痛みが消えなかった。薬も効かず、病院をたらいまわしにされ、私のところに来院された。

その方にうつ伏せになってもらい、全身を撮影したのが、次ページの写真である。

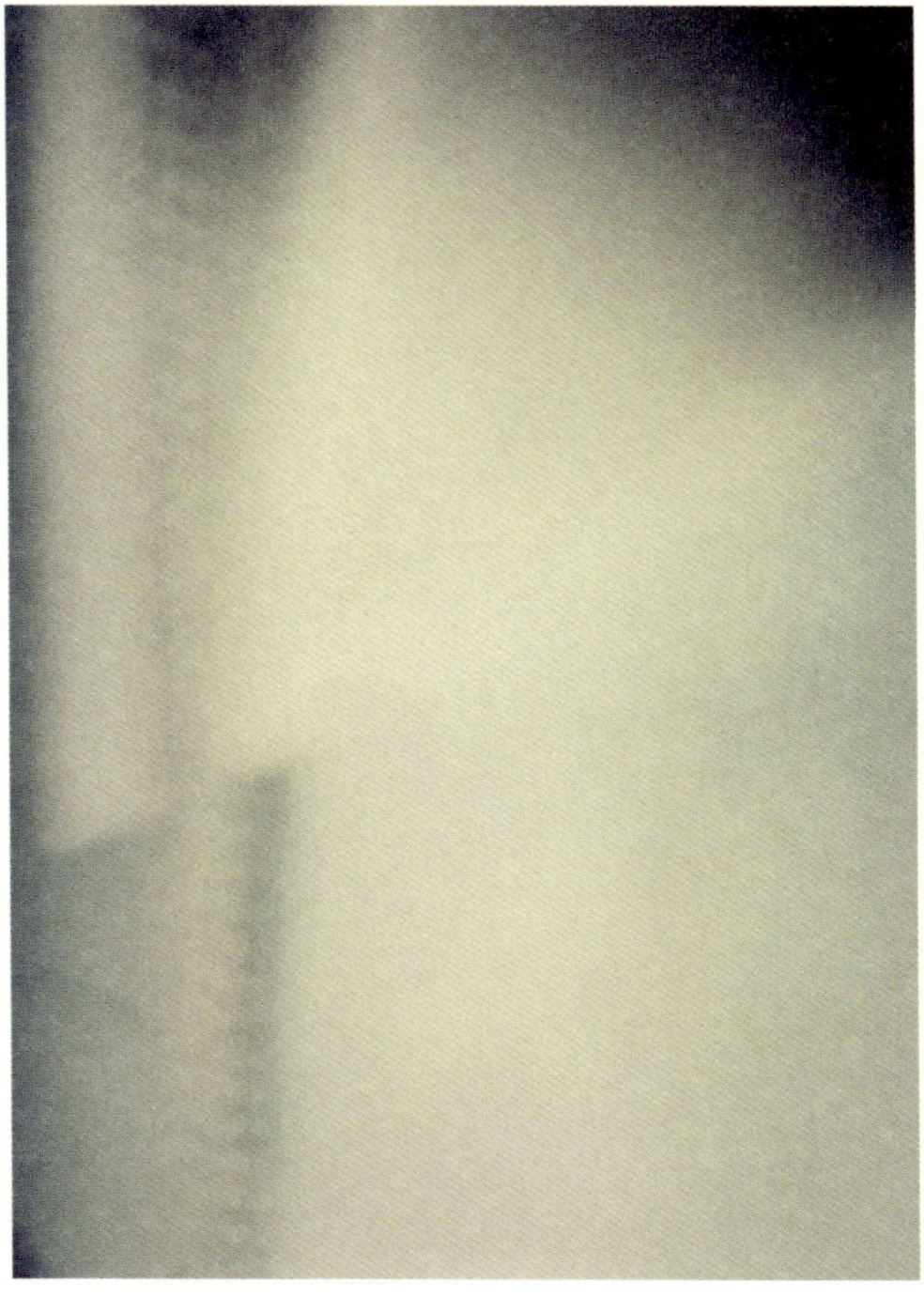

暗黒波動と骨状波動
真っ黒な波動におおわれていて肉体が見えない。

レントゲン写真のように骨状のものだけが写し出されている。これは肉体環境が悪すぎるため、肉体は写らなかったものと思われる。まわりにも暗黒波動が写しだされ、黒くなっている。

会社の環境が悪いと社員は働きにくく、能率も上がらず、売り上げも上がらなくなる。それをそのままにしておくと、会社は倒産してしまう。人間の身体もそれと同じで、肉体の環境が悪いと、細胞が働きにくくなり、機能不全に陥る。そして、それをそのままにしておくと、病気になってしまうのである。

会社の場合、業績不振に陥り、これではまずいとよい人材を入れても、会社の環境そのものをよくしないかぎり、せっかく入社したよい人材も、力を発揮することができない。

身体も同じで、疲れがたまり、あちらこちらがおかしくなりはじめたからと、いくらよい薬を服用しても、身体の環境そのものをよくしなければ、よい薬もその作用を発揮することができない。それどころか、薬の場合、身体の環境が悪いと、副作用が通常よりも増すことになる。

そのことが、最もはっきりとあらわれるのが、抗ガン剤である。抗ガン剤は、ガン細胞を叩くための薬だが、同時に正常細胞をも叩いてしまう。そのため、ガン細胞をある程度やっつけたのはいいけれど、一緒に叩かれた正常細胞がそれに耐えきれなくなる。頭髪は全部抜けてしまい、胃腸の具合も悪くなり、いつも気持ちが悪いというのが、その状態である。

ガン細胞を叩けたのはよかったけれど、肝心の患者さんが死んでしまった……。そんな悲劇も、残念ながらよく起きるのである。

それに対して、波動良法は、肉体環境をよくすることによって、自然治癒力を高め、自然治癒力をおおいに発揮させる治療方法なのである。

次ページの写真は、2回目の波動良法を受ける直前に撮影したものである。初回時より少しよくなり、肉体が写るようになった。足のまわりに白と黒のヒモ状のマイナス波動が、うごめくように取り巻いているのが、はっきりわかる。

マイナス波動は、本来このようにカメラで撮影できるものではない。しかし、そこにれっきとして存在している。だからこうして写真に写るのである。

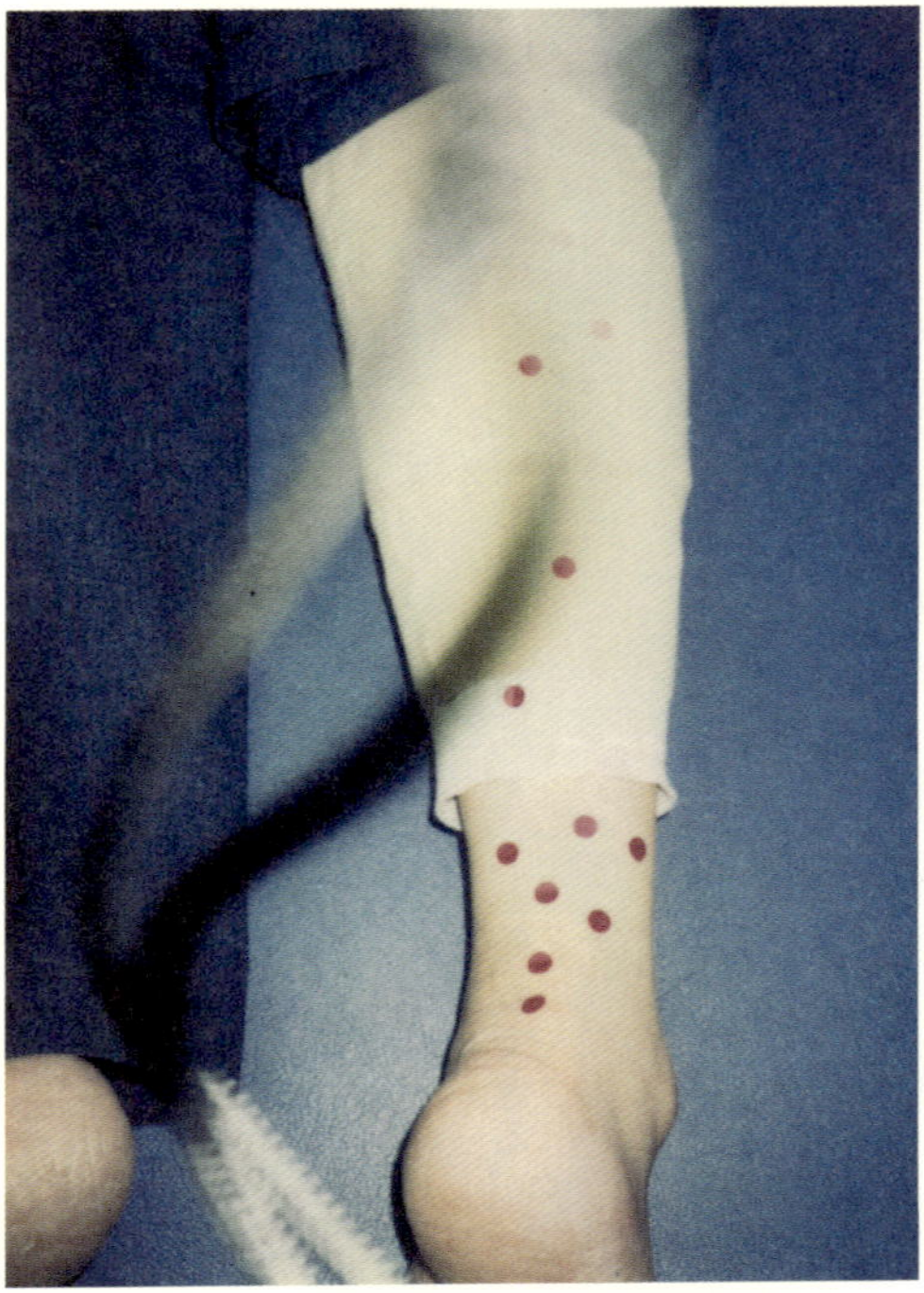

ヒモ状のマイナス波動
足のまわりにまとわりついている。

神仏のエネルギー

お寺で説教をするときに、私はよく次のように言う。

「僧侶からは仏様の光が出ています。このような光が亡くなった方の手助けになるのです。お葬式のときも、僧侶は光を放ち、亡くなった方が迷わないように、苦しまないように、手助けをし、導いていくのです。僧侶が導く師、導師と呼ばれるのは、そのためです」

だが、その光とは、私には見えても他の人には見えないので、私の言うことは、その人が信じるか信じないかの次元でしかないものであった。私が写真撮影を試みたのはそのためである。私に見える光を写真に撮ることができれば、光の存在の証明になる。しかも、より多くの人に光を見てもらうことができると考えたのだ。

そうはいっても、神仏のエネルギーを写真に残すことなどできるだろうか。若干の不安を覚えつつも、見事に撮ることができたのが、次のページの写真である。

左上に、小さな光がいくつも見える。光は白い光と黄金色の光が入り混じり、流れているのがおわかりいただけるかと思う。

著者の頭上に流れるエネルギーの光

科学が証明した波動良法の効果

〈脳波の変化〉

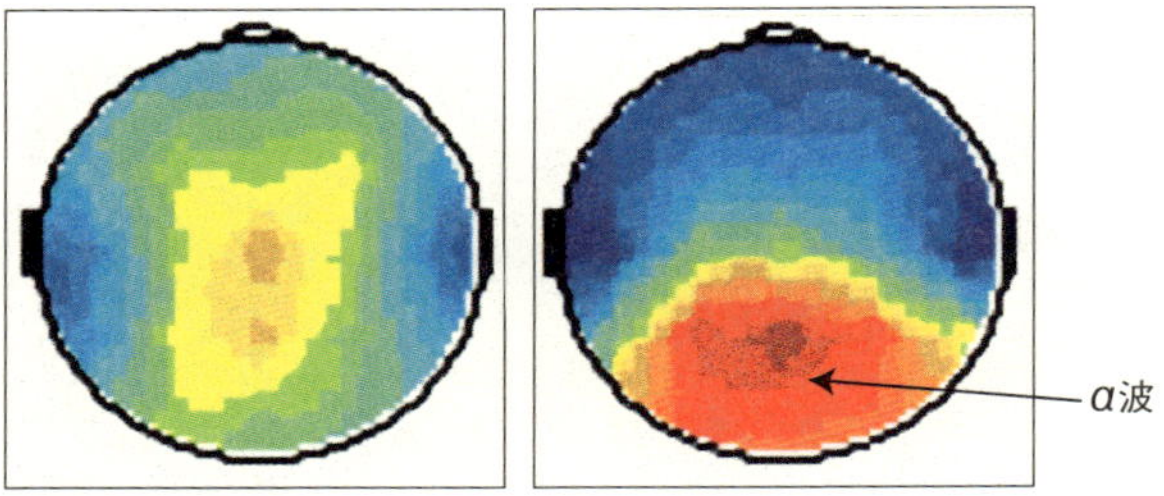

①波動良法を受ける前　②施療瞬間時

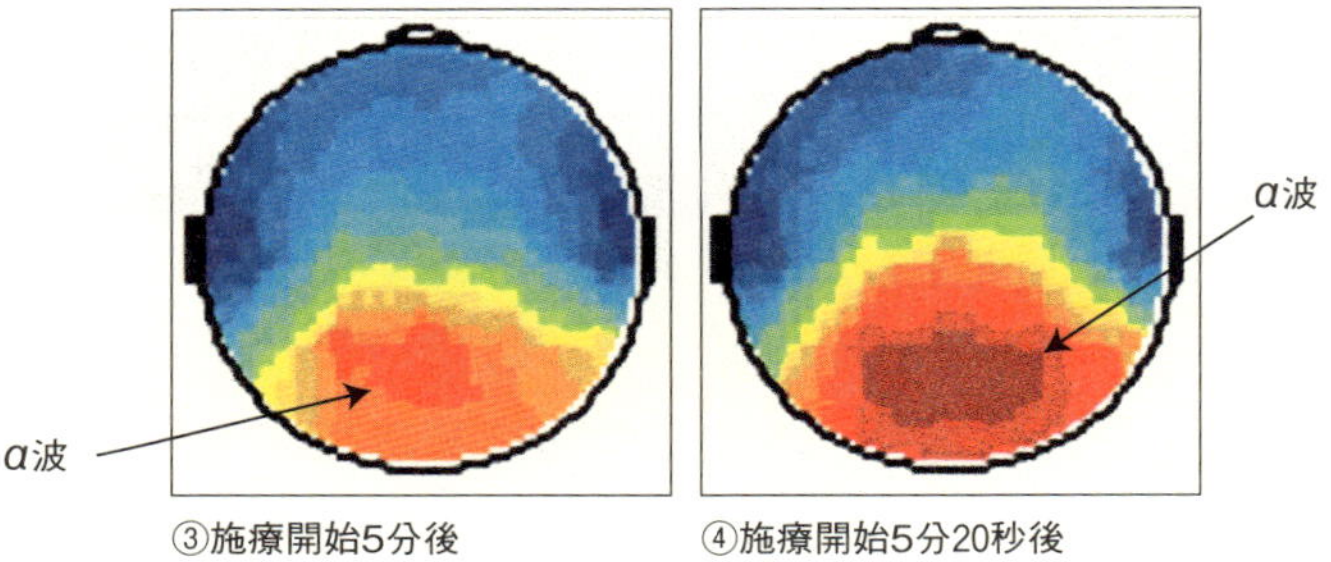

③施療開始5分後　④施療開始5分20秒後

※α波が強くなると脳が活性化され、人間は自分の持っている能力を最大限に発揮できます。

（資料提供:東京電機大学教授・町好雄博士）

2. 科学的な立証

20年ほど前、生体工学の日本の第一人者として東京電機大学の町教授が紹介されているのをテレビで見た。それ以来ずっと、この方に波動良法を分析してもらいたいと思い続けていた。

東京電機大学教授の町好雄博士（生体工学）は、気功師の脳波や、身体から発する波動のデータを数多く測定し、「気」を科学的に分析することで大きな業績をあげた方である。

その後、幸運にも町博士とのご縁をいただき、最新式の器械でいろいろな角度から分析実証していただくことができた。

分析結果などについては、私が語るよりも、町好雄博士がお書きになった文章をそのまま掲載した方がわかりやすいと思うので、次に引用させていただく。

※　　※　　※

波動良法の科学的分析

東京電機大学教授　生体工学博士　町　好雄

私は今まで、多数の気功師の脳波や身体から発する波動のデータを測定し、「気」と呼ばれる目に見えない力を科学的に分析し、「気」を発する側と受ける側の変化や動向を研究してきました。そのなかで、波動良法の話を聞き及んでその施術方法に興味をもち、今回の測定に至りました。

私が過去測定してきた気功師の方々は、「気」を受ける側に手をかざし、制止した状態で施術をおこなうことが通常ですが、松本師がおこなう波動良法は瞬間的で、繊細な動きが多く、特に柏手《かしわで》の際の予測されるデータの変化に関心が集まりました。

今回、受ける側の脳波測定（トポグラフ）、遠赤外線検出（サーモグラフ）の測定方法を用い、発する側には気のパワーによる電気振動（GSR分析）、遠赤外線分析（サーモグラフ）の測定方法を用いました。

その結果を分析してみると、トポグラフにおける脳内α波の増大は、施術を受ける

GSRの分析から見た「気」のパワー

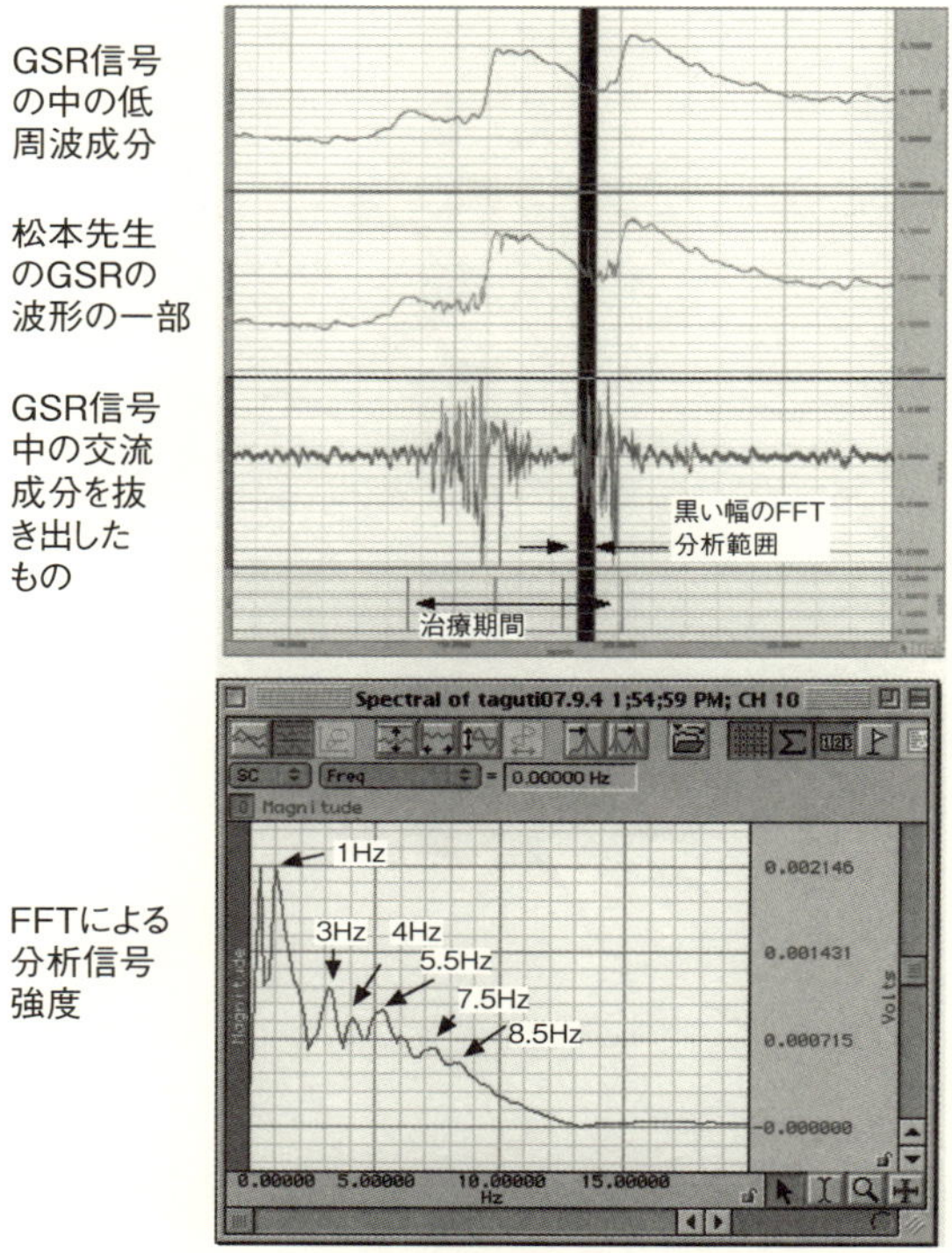

▲施療中に松本師から発される力を電気信号として測定したもの。施療中、松本師から癒しのエネルギーが出ていることが判明した。

側の女性がリラックス状態になっていることを示しています（80ページの写真参照）。

α波は8Hz～10Hz前後の周波数により強まります。

また、サーモグラフでは、松本師及び受けた側の女性ともに温度が上昇し、GSRにおいても、測定前の予想通り、特に柏手を打った際に、常人ではありえない「気」の動きが認められました。さらに、「気」の動きを細かく分析すると、α波の増大を促す範囲の周波数を持つことが判明しました。

今回の測定では、波動良法の受け手側は副交感神経優位になり、温度上昇とともに脳内のα波を増大させ、身体のバランスを整える動きが生まれます。松本師が説くように、受け手側の本来持っている力が強まるということを証明できる結果に至りました。

3．体感・実感

自然治癒力に失敗はない。「信じる、信じない」もない。それをどうやって証明できるかを考えた。

圧痛点の痛みを消せる人はいないことを知っていたので、圧痛点の痛みを確認することにした。圧痛点の痛みが消えれば、すべての人が体感できたことになる。

信じる人はもちろん、信じない人でも圧痛点の痛みが消えるのである。

圧痛点の痛みが消えることについては、私のこれまでの本で詳細に報告している。体感実感した人の数となると、すでに数万人を超えている。そのため、ここでは体感例や実感例を述べるのは控える。

5分という短時間で、何十箇所もの圧痛点が消えてしまう。まさに自然治癒力のすばらしさである。

私自身、これをおこなうたびに、人間の持つ驚異的な力・神秘さに感動してしまう。

4. 武道において

人の意識は身体に影響を及ぼす。意識はエネルギーである。それを応用する。

相手と組み合い、意識を一点に集中させると相手は身動きが取れなくなる。

また、意識を自然治癒力の源である仙骨に集中させることにより、仏教でいうところの「仏我一体」の境地を示すことができる。相手と一体となるので、相手のことが手にとるようにわかる。また、相手が力でかかってきたときは、そのエネルギーを変換させることにより、相手は自分の力が自分に返ってきて倒れてしまう。

これは、仏教でいうところの「自分の想いは自分に返ってくる」世界である。武道を通して、意識がエネルギーであることを体験できるというわけだ。

また、波動良法で降ろす宇宙エネルギーは調和のエネルギーで、相手のエネルギーと共鳴させるということを、武道で実証する方法として、腕相撲がある。

普通の腕相撲は1対1で、片手で組み合う。だが、私は3人に両手を使ってもらう。そのため、6本の手（両手×3）を相手に片手でおこなう。

結果は、引き分けである。

調和のエネルギーは戦わないからだ。相手のエネルギーを調和していくので、勝ちもしないし負けもしない。この調和のエネルギーこそが、仏教でいうところの内なる仏といえよう。波動良法では、このエネルギーを仙骨に繋げて目覚めさせている。相手のエネルギーと共鳴を起こすのは調和のエネルギーである。

人生の主人公は自分

病気になると、病院へ行き検査を受ける。ガンだとわかると、抗ガン剤や手術を勧められる。現代は情報が溢れかえっているので、西洋医学の限界や薬の副作用への恐怖から、東洋医学やスピリチュアルな世界、さらには宗教へと走る人もいる。だが、そこで亡くなると、必ずといっていいほど悔やんでしまう。そのような人がいかに多いことだろうか。

そのような結果になるのは、どちらかに偏ってしまったからではないか。どちらを信じるかという原理で行動すると、後になって、あれをやればよかったとか、これを信じなければよかったとか、後悔を生んでしまうことになる。

「信じる／信じない」で行動をすると、ほとんどの人が後悔し、人のせいにしてしまうことになる。

人のせいにする人生ほど、もったいないものはない。それは、自分がその人に影響されてしまうことを意味し、結局のところ、他人の人生を生きていることになるからだ。

また、自分の命を他に依存して後悔することほど虚しいことはない。みんなそれぞれに自分の人生を生きるべきなのだ。それは、自分で決断し、決断の責任をとることでもあり、目の前の問題を理解していくことでもある。

自分の人生を生きるとは、自分自身が自分の人生の主人公であり続けることだ。そのことによって成長でき、他に依存することがなくなる。他を批判する必要もなくなる。みんな必要があって存在しているのである。その役割を理解し、必要に応じて助けたり助けられたりすればよい。後悔のない生き方ができるのである。

西洋医学のすばらしさは、検査の確かさである。検査してもらうことによって、自分の現在の状態がわかる。病気の正体もわかり、その病気にどう取り組むかの戦術を考えることもできる。

命に関わる病気のときに、手術をして助かる可能性があるなら、手術はたいへんありがたい手段である。薬で治せるなら、薬もありがたい。感染症は薬でしか治らない。だが、薬にもそれぞれに役割があるので、むやみやたらに薬を服用すると、いざというときに効かなくなってしまう。

ある医師が、風邪の薬の役割について次のように言っていた。

風邪で咳をする人がいると、咳止めの薬を出す。患者さんは咳止めの薬で風邪が治ったと言うけれど、けっしてそうではない。薬で治ったわけではない。咳をしていると体力が落ちる。そうなると、風邪が治りづらいから、いったん薬で咳を止めて、ご自身の回復力・治癒力で治すのであると。

薬の役割を正しく知れば、自分がどうすればいいのか、自然にわかってくる。自然治癒力・回復力・修復力を高める方法である波動良法の役割も、おのずとわかってくるだろう。

病院での波動良法

高知県の土佐清水病院をはじめ、いくつかの外科病院で、院長先生と２人で治療をさせていただいたことがある。

そのとき、どの院長先生も「手術はむやみやたらにおこなうべきではない。どうしてもやらなければいけない手術をやり、そのあとが大切なのだ」と、おっしゃっていた。

たとえば、胃がんの手術をして病室に戻り、目が覚めるととても痛い。痛み止めの薬が効いているうちはいいのだが、薬が切れると痛くて辛い。

痛みが落ち着くまでは薬の量が増えることもあり、人によってはこれ以上使えないということもある。痛みを我慢するうちに、お腹とともに腰まで痛くなってきたりする。そういうときに、波動良法が役に立つ。

どの院長先生も波動良法の役割を理解してくださっていて、私は自由に病室に行き、波動良法を施術した。施術するとすぐ痛みが消え、お腹の張りもなくなるので、患者さんはたいへん喜んでくれた。

病人であるから自然治癒力が弱っていて、いったん痛みが治まってもまたすぐ痛くなってしまうのだが、病院で働いていたおかげで、何度も繰り返し施術することができた。痛みや苦しみを軽減させることで結果的に回復を早めることができたのである。

これこそ私の理想とする病院の姿である。だが、理解し、受け入れてくれる病院が多くあるわけではない。施術者が私一人だという限界もある。

一家族に一人、波動良法ができる人がいればと思うようになったのは、そのためである。

第4章　なぜ遠隔療法が可能なのか

宇宙エネルギー＝波動＝振動＝「情報」のようなもの

気功師をはじめ、エネルギー療法を実践している先生方は、患者さんに対して、よく遠隔療法をおこなう。私も、北海道に住んでいる関係で、遠くにいる救急患者などはすぐに施術できないため、電話で遠隔療法をおこなっている。

だが、常識的に考えて、遠く離れている患者さんに対して、どうしてそんなことが可能なのか。

ここでぜひ知っておいていただきたいのは、以下のようなことである。

宇宙エネルギー＝波動＝振動＝「情報」のようなもの

ここでいう振動というのは、別名「ゆらぎ」とも呼ばれ、物理学では「超ひも理論」として知られている。宇宙には「ひも」のようなエネルギーが満ちており、これが振動したりゆらいだりすることによって情報が伝わっていくというものである。

光にしても音にしても、振動によって周囲に伝わっていくわけだが、波動も同じように振動によって周囲に伝わっていく。

ただし、波動が光や音と決定的に違うのは、光や音が有限の速さで伝わっていくのに対して、波動は無限の速さで伝わっていくことである。

これはどういうことかというと、波動は、発生すると宇宙に存在するあらゆるものに、距離に関係なく同時に影響を及ぼすということである。

たとえば、あなたが波動を発生させたとする。その波動すなわち「情報」は、瞬時に宇宙の果てまで伝わり、宇宙全体になんらかの影響を及ぼす。

逆に言うと、波動良法は宇宙にある波動を瞬時に取り込むことができ、その波動を、距離や障害物に関係なく、目標とする対象がなんであれ、瞬時に送ることができるということである。

これもまたＳＦのように聞こえるかもしれないが、最新の物理学である「超ひも理論」（または「超弦理論」）は、それが大いにあり得ることを示している。

「集合的無意識」は宇宙エネルギーにつながっている

通常、音は遠くへ離れてゆくにつれて小さくなり、やがて消えてしまう。それは、音が有限の速度で伝わるため、空気抵抗によってそれ以上進まなくなるからである。ところが、波動は無限の速度で伝わるため、空気抵抗などの影響を受けない。だから、途中で消えることはなく、いったん放たれた波動は、永久に宇宙空間の「ひも」のなかに保存されていてもおかしくはない。

人間やその他の生物が放つ波動が、すべて宇宙空間に保存されているとしたら、宇宙空間には、全生物の歴史の記録が保存されていることになる。

そんなことがあり得るとして、それにアクセスすることはできるのだろうか。

心理学者のユングは「集合的無意識」という考え方を提唱し、人間の無意識の深層には、個人の経験を越えた先天的な構造領域があると考えた。そこには、集団や民族、人類の共通した記憶が存在するとしたのである。

この考え方を敷衍《ふえん》すれば、私の無意識層には、私自身だけでなく、人類全体の歴史が眠っていることになる。

その意味で、最近読んだ本のなかで、村上春樹氏の『職業としての小説家』のなかに、面白い話が載っていた。

村上氏は『世界の終りとハードボイルド・ワンダーランド』や『ねじまき鳥クロニクル』『1Q84』など、異次元の世界を扱った作品を多く書いているが、そうした作品を書くとき「意識の下部に自ら下っていく」「心の闇の底に下降していく」と述べている。すなわち、集合的無意識の領域まで降りてゆき、そこで見たものを拾って意識の上部領域に戻ってくるというのである。

そうやって書いたもののなかに、一度も実際に行ったことのない中国東北部の風景の描写があるが、村上氏がそれを書いた何年かのちに、実際に現地へ行ったところ、無意識界で見た風景とほとんど変わらなかったことに驚いたそうである。

村上氏は、あくまでその風景は深層意識、すなわち人間の集合的無意識のなかにあるものとして語っているが、それが本当に人間の深層意識のなかにあるのかどうか、証明した人はいない。

そこで、それがもし人間の深層意識のなかにあるのではなく、実際には外部にあって、人間の脳はそれにアクセスしている「スイッチ」の役割を果たしているにすぎないとすれば――。

見たこともない風景をすべての脳が深層意識下で知っていると考えるより、人類全体の記憶が宇宙のどこかにあって、なんらかの能力を獲得した人はそれにアクセスすることができると考えた方が、よほど自然な考え方ではないかと私は思う。

こうした考えに基づいて、宇宙空間にあるその「ひも」にアクセスして、多くの業績を残した人物がいる。「二十世紀最大の霊能者」と呼ばれるエドガー・ケイシーである。

彼は「アカシックレコード」と呼ばれるその「ひも」を通して、人間は輪廻転生を繰り返すことをはじめ、文明の興亡など、人類の歴史に関して多くの情報を取り入れ、のちの世に遺したのである。

極大の宇宙から極小の素粒子の世界まで

現在、極小の世界では次々と新しい発見がなされている。かつては原子が最小の物質と考えられていたが、その後に原子は原子核と電子からなり、原子核は中性子と陽子からなっていることがわかってきた。

そして最近では、中性子はさらにクオーク、グルーオンと呼ばれる光子からなっていることがわかった。しかも、驚くべきことに、このクオークやグルーオンには質量がない。

質量ゼロということは、物質を極小までとことん突き詰めていくと、質量ゼロの、もはや物質とは呼べない、たんなる「情報」へと転換をしてしまうのである。

これは、私たちに面白い想像を促す。

たとえば、ここにとても美味しそうな桃があるとする。これを地球の裏側にいるブラジルの友人に届けたいのだが、ブラジルに着くまでには熟れ過ぎて傷んでしまう。さて、どうしたものか。

物質を突き詰めていくと「情報」になるのなら、科学技術がどんどん進んでいけば、この桃をいったん「情報」にまで分解し、電話で送れば、瞬時に相手に届けることができる。

受け取った相手は、その「情報」を再び物質化すれば、たちどころに美味しい桃を食べることができるのである。

SFの世界かと思われるかもしれないが、宇宙に満ちているエネルギーというのは、このように物質化される以前の「情報」の状態だと私は考えている。

遠隔による波動良法

さて、そういう事情をふまえると、地球の反対側にいる人にも、電話などで「遠隔治療」をおこなえることになる。

私の本を読まれた方々から、毎日のように電話がかかってくる。内容は大概が病気のことについてである。今すぐ波動良法を受けたいのだが、治療を受けに行くには遠すぎる、といった相談がほとんどである。

そうした悩みを抱える方々のために、私は電話を使って遠隔で波動良法をおこなっている。私が電話の相手に送っているのは「宇宙エネルギーの共鳴」という「情報」であるので、二人を隔てる物理的距離はなんら治療の妨げにはならないのだ。

お互いに確信し、体感してもらうためにも、実際の施術のときにするように首を回してもらったり、身体が重いか軽いかを聞いたりもする。元気なときは身体も軽い。こうしたことが一つの目安となるからである。

動いたときに痛いところがあれば、そこにも遠隔で波動良法をおこなう。

そのほか、内臓疾患の方には寝てもらい、お腹を押して痛い部分を確認してから施術をおこなっている。痛みが消えていることをしっかり確認してもらうためだ。


なぜ私がここまで確認にこだわるのかというと、体感してもらうことにより、自分にはこれだけの力（自然治癒力）があるのだということを認識してほしいからである。

1分にも満たない遠隔療法で、実際に対面して施術したときと同様の効果が得られるのは、自然治癒力がそれだけ大きな力を持っていることの証明にほかならない。自然治癒力を呼び覚ますことさえできれば、そのきっかけがいかに短い時間だろうとも、対面していなくても、全く問題にはならない。
自らの力により身体が軽くなったり、痛みが消えたりする事実そのものが真理なのだ。

遠隔波動良法　体験談

では、遠隔療法を体験された方々の声をここで少しだけご紹介しよう。

脳腫瘍手術後に…

（東京都 男性 60代）

手術後、顔も歪みまだ痛みもあり辛い日々を過ごしていました。そんなとき、有名な帯津先生が松本先生と対談されている『自然治癒力が病気を治す』の本を妻が買ってきてくれました。帯津先生の本はたくさん読んでいましたので、一緒に対談されている松本先生は一体どのような人なのか興味がありました。退院したら、ゆっくり本を読もうと思っていましたが、家内がなにも言わず松本先生に電話をして相談し遠隔電話となったのです。私は、遠隔よりもお会いして施術を受けたかったのですが、あまりにも辛かったので了承して受けることにしました。

目を閉じて聞いてくださいと言われ、１分間ただ聞いていました。その間、頭の骨が動いた感覚になり、まぶたが動き出し、驚きました。

終了後、松本先生とお話しすると、首を回してくださいと言われ、首を回したところ、おどろくほど軽くなっていました。また、お腹の痛みがなくなりスッキリした感じがしました。

松本先生は「痛みが消えるということは、全身の骨格と細胞が動いたということです。また、固まっていた箇所が修復したときは、そのように体感します」とおっしゃっていて納得しました。私は、こういう部類の話は信じないほうなのですが、実際に体感でき、また科学的にも証明されていることで、すべてを納得しました。本物に出会えたことに感謝しています。ありがとうございました。

動けないほど痛かったギックリ腰が治った

（長崎県　女性　60代）

知人の紹介で、松本先生を知りました。

電話で、遠隔で施術できるということは聞いていましたが、お会いして施術を受けたかったのですが、やはり痛くて動けなかったので、家族に電話してもらいました。痛くて寝たきりの状態だったのですが、松本先生から「どのようにしたら痛いのですか」と聞かれ、答えた後、目を閉じて聞いていてくださいと言われ、なにがなんだかわからないままでした。

施術後、「先ほどのように動いてみてください」と言われ、おそるおそる動かしましたら、不思議と痛みが消えていたのでびっくりしました。

たった何秒という時間に、これだけ変わり、嬉しくて涙が止まりませんでした。

その夜は、おかげさまでグッスリ眠ることができ、久しぶりに熟睡した感じです。

毎日施術していただいたおかげで、5日間で治りました。

今は、自分がどうして治ったのか知りたくて、松本先生の出された本を全部読んでいます。

感謝の言葉しかございません。ありがとうございました。

もう駄目だと言われた姉……

（栃木県　女性　50代）

姉は末期がんで、医師から、心の準備をしてください、会わせたい人がいるなら会わせてくださいと言われていました。

ですが、本人が意識朦朧として苦しんでいたうえ、身内も私しかいませんので誰も呼びませんでした。姉の苦しんでいる姿を見るとかわいそうで、どうしていいかわからないままでいました。

偶然、ネットで松本先生を知ることになり、藁にもすがる思いで、電話をしてみました。松本先生がお出になり、助けてほしいと懇願しました。松本先生は、できるだけのことをしましょう、と言ってくださり、遠隔で施術をしてくれました。

私は、ただただ祈るだけでした。松本先生のやさしい口調にも癒されました。その夜、姉は苦しむことなく寝ているのをみて、安心しました。そして毎日、松本先生に遠隔をしていただきました。

姉は残念ながらこの世を去りましたが、家族としては、姉が痛みもなく、苦しむことなく、安らかにこの世を終えることができたことに感謝しています。

この場をお借りして、感謝の文を書かせていただきました。

本当にありがとうございました。

（愛媛県　女性　30代）

子供の喘息がよくなってきました

松本先生は毎月東京で施術をしておられるので、東京で施術を受けました。

受けたあとは、身体も軽くなり、帰りの飛行機のなかでも子供の元気な姿を見て、東京まで出向いて良かったと思いました。ですが、毎月東京にも行けませんので、残念な気持ちでいました。

それから、何ヵ月かたったとき、子供の持病の喘息がひどくなり、薬を飲んでもいっこうによくならず、心配でたまらなくて、松本先生に電話しました。すると遠隔で施術してくださるということで、ぜひにとお願いしました。

お会いして直接施術してもらったときと同じように、身体が軽くなり元気になったのです。そのときは、嬉しくて嬉しくて、松本先生を神様みたいに思ったくらいです。

これからも、よろしくお願いいたします。

（福岡　女性　40代）

入院中ですが、助かっています

入院中に同室の人から、松本先生のことを聞いて電話をしたのがきっかけでした。

そのころは、毎日強い薬の点滴で身体もだるく、喉も痛い状態でした。

こんな感じではたしてよくなるのかと不安な毎日を過ごしていました。

電話には、松本先生が出られ、入院中だと伝えると、遠隔で施術できますということだったので、お願いしました。1分後には、喉の痛みがなくなり、身体も軽くなり、びっくりして先生におたずねしました。

松本先生は、ご本人の自然治癒力ですよと言われていましたが、松本先生のお陰です。

セーバーの開発

さて、波動良法が少しずつ知られるようになると、困ったことも起きはじめた。波動良法をしてほしいという依頼がどんどん多くなり、日本全国から来るようになって、すべての依頼に応えることができなくなってきたのである。私がいつもどこにでも行けるのならいいが、そういうわけにもいかない。

そこで、誰もが簡単に波動良法ができるようにと考え、開発・実用化したのが「セ

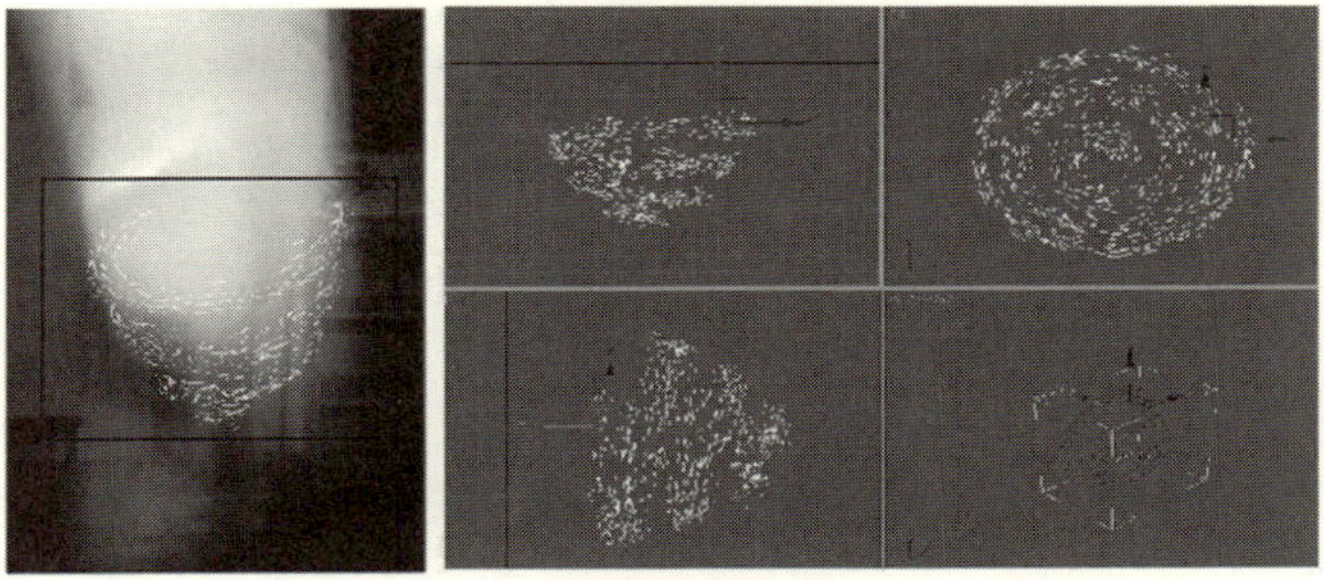

円光エネルギー流光デフォルメ図

ーバー」である。

開発にあたっては、仙骨と宇宙エネルギーが共鳴を起こしているときのエネルギーの立体化がヒントになった。

上の写真を見ていただきたい。一番左側にあるのは、仙骨に宇宙エネルギーを直結したときの写真である。そこに写った宇宙エネルギーを分析したところ、円の渦巻きが密集していることがわかった。そして、これを立体化して視覚的にとらえることに成功した。それが右側の４つの写真である。渦になっていて、円を描いている。

これらの写真でも示されているように、円は調和を意味する。まさに「神秘の骨」とされている仙骨は、神の領域・調和を意味しているといえよう。

こうして立体化したデータをクリスタルに封印し、宇宙エネルギーと仙骨が共鳴するようにした機器として完成したのが「セーバー」である。

ちなみに、「セーバー」という名前は、「痛みを救う」という意味と、形状が「スターウォーズ」のライトセーバーに似ているところから、私自身がつけたものである。

開発当初、はたしてこれで本当に波動良法と同じ効果が得られるのか、確信を得たかった。

そこで、医師の協力を得て科学的検証を試みることにした。

その結果について、西洋医学の専門家である医師にコメントをいただいているので、ご紹介させていただく。

副交感神経が高まって免疫機能が高まる

日本未病未健対策協議会理事長
宮崎県太陽クリニック院長
高橋　弘憲

今回、ボランティアを集め、ある会社が開発し一部の医療機関でも使用されている自律神経機能解析の記録装置を装着してもらった状態で、セーバーによる施療をおこない、施術前、施術中、施術後の波形を記録・解析した。

ここでは3名の結果を掲載するが（次ページ図）、他の被験者も全員が同様の反応を示した。

この解析グラフを見れば、実験開始時の座った状態から臥位になってリラックスしてもらっても、まだ交感神経（ＬＦ／ＨＦ）の活動性は高めに維持され、副交感神経（√ＨＦ）の活動が目立つことはないが、施術中からその直後にかけては、交感神経が休止し、副交感神経の活動が顕著に高まっているのが一目瞭然である。

今回の実験の解析結果が持つ意義は非常に貴重である。

波動良法による自律神経機能の変化

◉30歳　体重50kg　女性

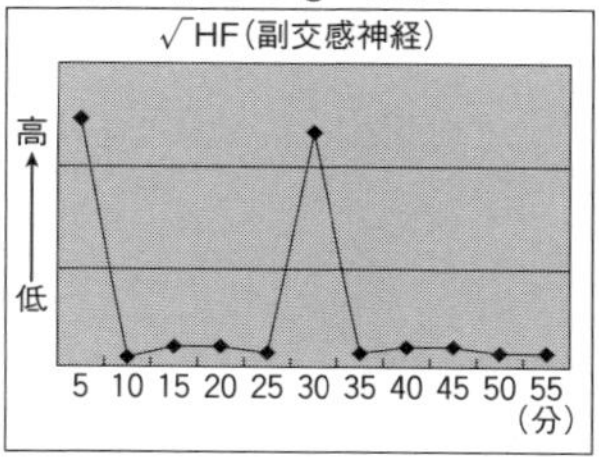

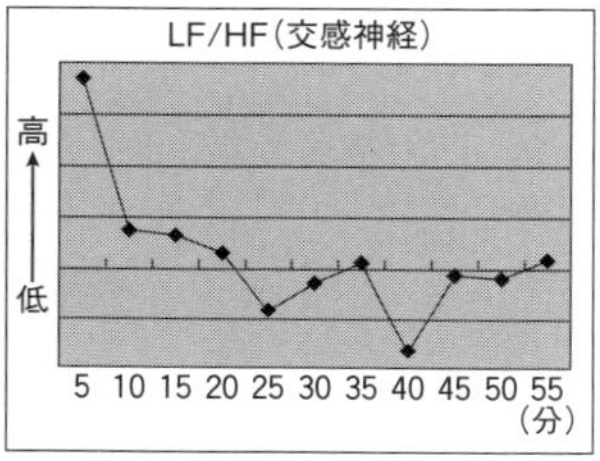

◉40歳　体重50kg　男性

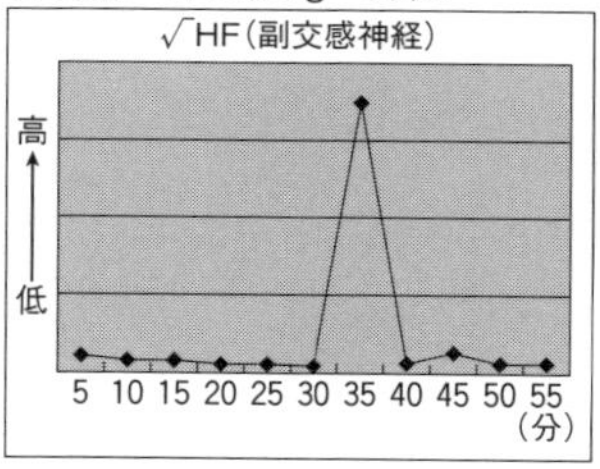

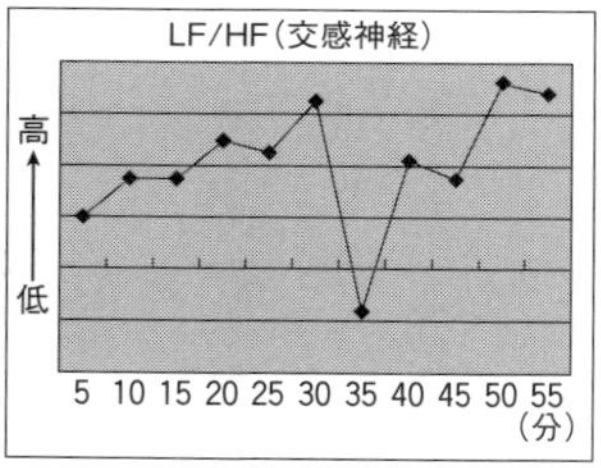

◉50歳　体重70kg　男性

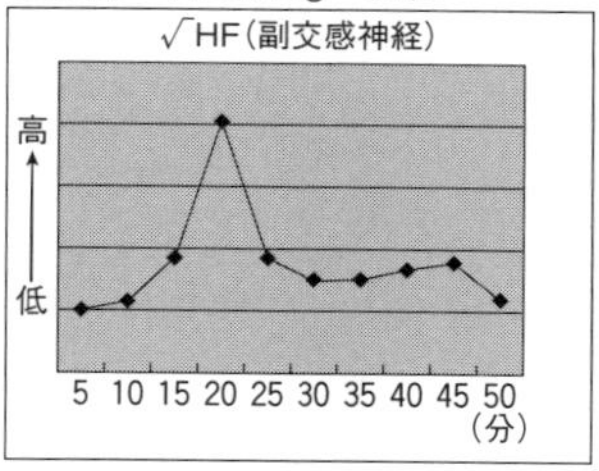

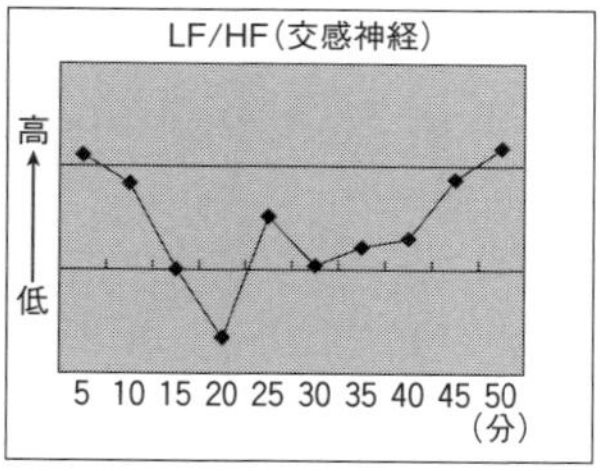

測定開始～12分	座位や談話、昼食
12分～22分	仰臥位、談話
22分～32分	施術（座位腹4分、胸4分、仰臥位2分浄波セーバー）
42分～55分	座位、談話

まず、セーバーの使用によって副交感神経の機能が高められることが裏付けられ、これによって、波動良法を受けたときに体感する事象がけっして錯覚ではなく、医学的にも理にかなうものであることが証明された。

それればかりではない。実は、ガンを始めとする難病の回復において、副交感神経の機能が高まるということには大きな意味があり、これまで不思議な事実と言われていた、波動良法によって導かれる自然治癒力も、医学的に起こりうる事実として説明できるのである。

わかりやすく説明すれば、緊張しているときには交感神経が優位に働き、リラックスしているときには副交感神経が優位に働く。原始的には、獲物を追うときや危険から逃げるときなどに働くのが交感神経で、食事や休息をするときに働くのが副交感神経である。けがをした動物が、安全な洞窟にじっとこもって回復を待つときにも、交感神経はあまり働かず、副交感神経優位の時間帯が続く。双方の自律神経は、その時々の状況によってバランスを取り合っているのである。

ところが、ほとんどの現代人は慢性的なストレスにさらされており、常に交感神経が過剰に働き、副交感神経が抑制されたままの状態が続きやすい。そして、このような自律神経バランスの偏重は、精神的な疲労を招くだけではなく、肉体的にも血圧の上昇や動悸などの循環器系への影響や、潰瘍や便秘などの消化機能の低下を誘発し、さらには免疫系にも深刻なダメージを与えるようになる。このことが、医学が進歩してもガンなどの難病が克服できていない大きな要因の一つと考えられている。

私たちの免疫機能を担当するリンパ球は、交感神経優位の状態では十分に機能せず、副交感神経優位の条件で盛んに活動することはよく知られているが、リンパ球のなかには、ガン細胞を直接攻撃する能力を持つＮＫ細胞も存在する。よって、ともすれば交感神経が過剰に働く環境のなかでガンが増え続けるのは当然のことであり、一方、波動良法を受けた患者さんのガンが縮小するという事実も、副交感神経優位の生態環境が導かれ、ＮＫ細胞の活動が盛んとなった結果として、医学的にも説明できるのである。

今回の実験では、波動良法の一部を示したにすぎないが、客観的データによって医学的考察を可能にした上でも、非常に意味深いものである。

さまざまな原因が複雑にからみあっている

交感神経の一方的な緊張

↓

副交感神経の働きが低下

排泄・分泌能力の低下

ガンを攻撃するNK 細胞の
働きが落ち、
ガン細胞の増殖を促す

リンパ球の減少
（免疫力の主役はリンパ球）

免疫力の低下
ガン細胞を監視する力が落ちる

↓

ガン・感染症などさまざまな
病気にかかりやすくなり、治りにくい

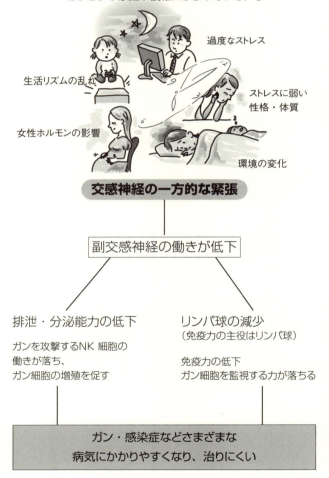

すべては患者さんのために
～波動良法を主体とする代替医療を取り入れた歯科医療について

神奈川県　にのみや歯科クリニック　二宮友綱

なにをベースにするかは各自の自由ですが、必ずおこなってもらいたい代替医療のひとつとして、波動良法を紹介しています。波動良法は、当院でほとんどの疾患に対してファーストチョイスしていて、セーバーを当てていないと、逆に私が心配になるほどです。少し例を挙げてみましょう。

顎関節症（開口障害、開口痛）

40代の顎関節症の女性が、口が指ふたつ分ほどしか開かず、痛みがあるということで受診されました。口を開くための筋肉が緊張しすぎており、身体が左右非対称に歪んでいました。

そこで、まずバッチフラワー（レスキューレメディー）で精神的に安定させ、すぐにセーバーをおこないました。すると著しい効果があり、指三本ほどに口を開くこともできるようになりました。

その状態で、再度セーバーで施術をおこない、エゴスキュー（筋肉の再教育をおこない、身体の痛み、歪みをとる運動療法）のメニューをいくつか指導し、身体の歪みを補正しました。これでかなり痛みが和らいだようです。

最終的に咬み合せの調整をおこない、もう一度セーバーを使用し、5分ほど安静にしていただくと、治療終了後には症状が軽減し、違和感が多少あるものの、患者さんはたいへん喜んでいました。

無麻酔乳歯抜歯

5歳の女の子が乳歯の抜歯に来院したときのこと。

無麻酔下での抜歯のため、患部の消毒後、セーバーを下丹田、胸の中央、患部へ各1分おこない、かわべ式オープンハート（歯科医師川邉先生考案の姿勢。痛みを軽減し、麻酔の使用を抑えることができる）で深呼吸しながらカラーセラピーを同時におこなったところ、患者さんは緑を選択しました。緑はストレスを軽減する色です。

患者さんの心を落ち着かせ、呼吸に合わせて、麻酔をせずにぐらぐらしている乳歯を抜歯し、すぐにＥＯ水で止血しました。ＥＯ水とは、水道水に塩を加え特殊な電気分解を加えたもので、薬品を使わずに殺菌することができます。そして、止血と同時にセーバーを使用しました。

処置の間、患者さんに痛みはなく、治療はわずか8分で無事終了しました。その夜も普通どおりの生活でまったく問題なく、経過は良好だとのことです。

義歯の痛み

60歳の女性のケースです。

右膝に手術をした後から、股関節に歪みが生じて膝をかばってしまい、身体が歪んでしまいました。そのことでさらに左膝も痛め、股関節にも痛みが出てしまったようです。結果、咬み合せにまでズレが生じ、義歯が咬みにくくなり、入れ歯を支えている歯も痛むことになってしまいました。

この方のケースでも、まずはセーバーを使ってもらい、全体的な痛みを軽減させて、口腔内の咬睦み合せ、入れ歯の調整をして、もう一度セーバーを使ってもらいました。このとき、患者さんの希望により膝にもセーバーを使いました。するとと痛みがまったくなくなり、咬み合せも改善し、患者さんの顔も別人のように明るくなりました。

患者さんは「ウソのようにラク！　信じられない」とおっしゃっていました。

また、青い光が頭や目のウラに見えたということです。これは、セーバーが副交感神経に作用するためです。一般に、副交感神経優位の人は、目を閉じるとまぶたのウラが青っぽく見えるといわれます。

また、セーバーをおこなった後、体中がビリビリして、手足がポカポカしてくる冷え性の患者さんもいます。これは、もともと冷え性の人はミトコンドリアの動きが悪いため、セーバーがミトコンドリアに働きかけ、活性化し、結果として体中が温かくなったり、手足がポカポカするのだと考えられます。

セーバーでの施術後、このような反応がある患者さんは、慢性的な冷え性の可能性

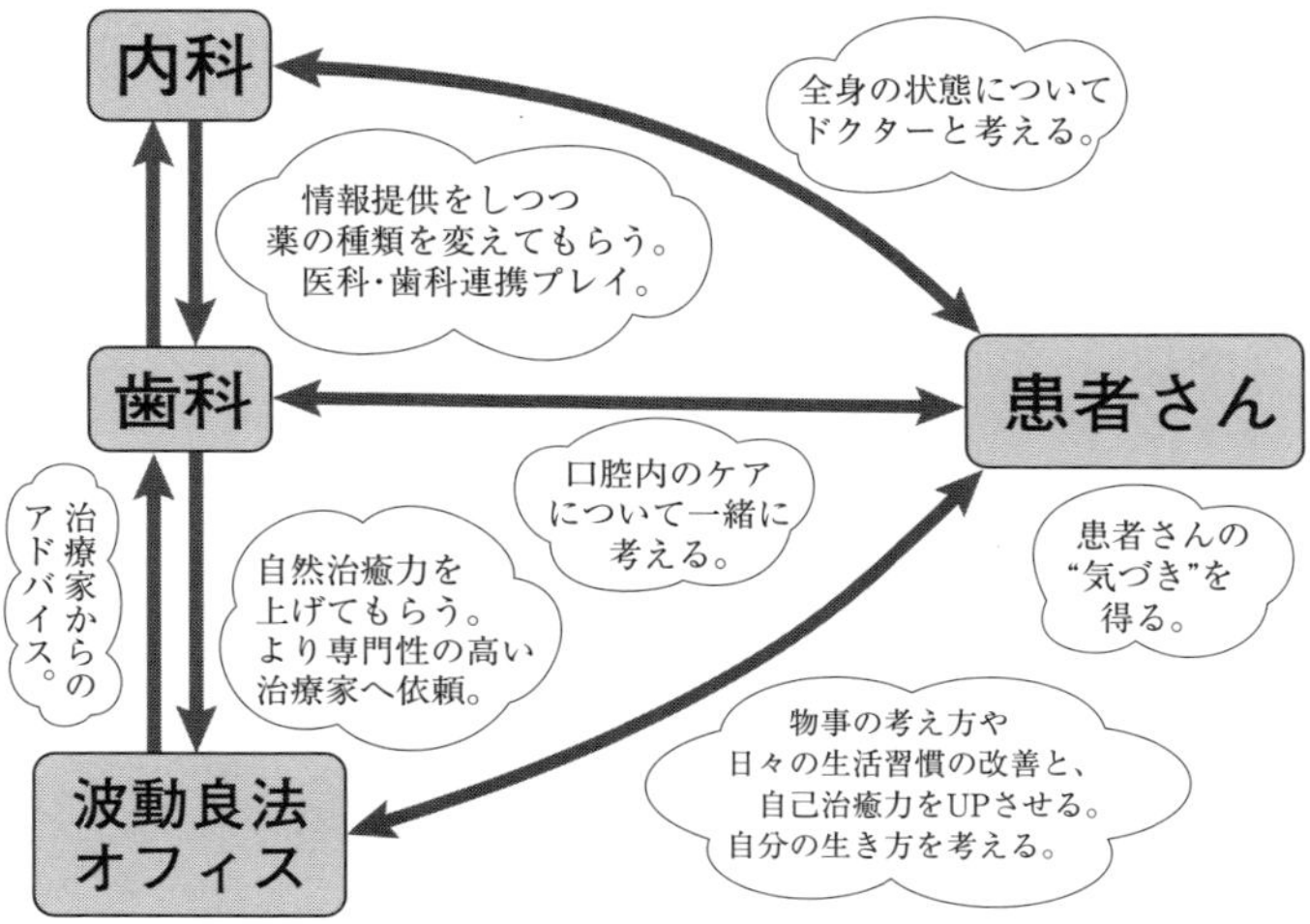

があるので、薬の服用の有無や食生活を問診し、身体を温めるアドバイスをおこなっています。体質が改善され、治癒力が高まります。

以下は、セーバーを使用した患者さんのコメントです。

・その夜はぐっすり眠れて、寝る前までとっても元気でした。

・歯ぐきが腫れませんでした。

・神経を抜いた後はいつも痛かったのに、まったく痛くなかったです。

・抜歯をしたのに痛み止めを服用しませんでした。

・長年の痛みがあった手首がとって

も楽になりました。
・お腹がグルグル鳴ってトイレに行きたくなりました。

便秘気味の患者さんや冷え性の患者さんは、ほとんどと言っていいほど、施術中にお腹がグルグル鳴ります。腸が動きだしている印なのでたいへんいいことです。免疫が働くサインでもあるのですが、逆に言うと普段は施術をしていないので、腸の動きが悪いということでもあります。普段の免疫力が低下しているのです。

これからの医療は、西洋・東洋医学、代替医療の強み弱みをしっかり理解し、患者さんに合わせたオーダーメードの医療を提供していくべきだと考えています。

波動良法は、あらゆる病気に効果が期待できる

福岡県 クリニック細井皮膚科院長　細井 睦敬

人間は自然治癒力を持っています。それを最大限に活かすのが医者であり、医療関係者の役割です。外から無理に力を加えれば、副作用も出ますし逆効果になるだけです。治療に関しても、本人の自然治癒力を高めることに医師は全力を尽くせばいいと考えています。「医師が患者を治してやる」という傲慢な考えは捨てるべきであり、患者本人の治したいという気力を高め、食事を正しくし、そして、副作用の少ないもので対応していけばそれで十分なのです。

そのための最も有効な手段として、いま、代替医療がクローズアップされてきており、私が代替医療を治療の一環として取り入れる理由はまさにそこにあります。一口で言えば、代替医療とは本人の自然癒力を高める医療ということですから、そこで、主として末期ガン患者に対する私の代替医療を述べることによって、私の基本的考え方、立場を明確にしていきたいと思います。

末期がんに対する現代医療の三大療法は、手術、抗がん剤、放射線ですが、それにはおのずと限界と副作用がつきまとっています。それを超えるものとして代替医療があると考えてください。

私は皮膚疾患を専門とする医師でありながら、ある時期、友人知人にガン患者が出たり、ガンで苦しむ人が周囲に集まってきたことをきっかけに、「なんとか助けてあげなければ……」と必要性を感じて、ガンについて独自に研究を始めました。

ガンの患部だけを見て切除したり、細胞を死滅させるという西洋医学の方法では、根本的な治療にならない、と限界を感じた私は、人間をまるごと全体的にみるホリスティック医療に可能性を見出しました。そして、西洋医学の利点を生かしながら様々な治療法を統合的に組み合わせて、それぞれの患者さんにとって最も適切な治療をおこなっていく、統合医療を理想と考えるようになりました。

ガン治療の研究を進めるなかで、気功や東洋医学などの分野にもアンテナを張り、代替医療やニューエイジ関係の書物もいろいろと読みました。松本先生の一冊目の著書『波動良法で自然治癒力を引き出す』もその一つで、読んで非常に感銘を受けたのが、そもそもの波動良法との出会いです。

その著書を読んで、目に見えないエネルギーによって自然治癒力に働きかけるというメカニズムに興味を持ち、また、ガン患者の症状が改善されたという成果にも素直にうなずけるものがありました。長年にわたる医師としての経験や様々な研究における知見から、人間本来が持つ自然治癒力や免疫力を高めるという波動良法は、ガンのみならずあらゆる病気の改善につながるのではないかと直感し、松本先生にすぐさま手紙を書いたのです。

その後、松本先生がはるばる九州まで会いにきてくださり、我が身で波動良法を体験して、知れば知るほど私の直感は確信へと変わっていきました。波動良法によって患者さんの痛みが消えるというのは、医師の立場から客観的にみても驚くべきことです。にも関わらず、松本先生はまったく偉ぶるところがなく、その謙虚で誠実な人柄に好感を持ちました。なによりも、苦しむ人を助けたい、病を癒したいという深い想いから、患者さんと真摯に向き合っている姿勢に感銘を受け、同じく人を癒す立場の人間として尊敬の念を抱きました。

誰が使用しても波動良法と同様のことが起きて、なんらかの効果があるというのは、セーバーのすばらしいところです。その効果は、私の期待をはるかに超えるものがありました。

以下に、来院された患者さんの症例をいくつかご紹介します。

背中にできた帯状疱疹のために、激しい痛みを訴える患者さんの場合は、セーバーで施術をしたところ、ズキンズキンとした痛みがほとんど消え、楽になったとニコニコして帰られました。

86歳になる肺ガンの患者さんは、ガン性の痛みが両下肢にありましたが、来院された際にセーバーで施術した結果、5分後には痛みが消えました。

また、30歳代の女性が腰痛ということで、セーバーで施術したところ、短時間で痛みが取れ、非常に驚いていました。その他、5人の病例において、確実に「痛み」に対して即効性があることが確認できました。

さらに、個人的なことですが、私は虫歯がありましたので、その治療の前後で使用してみましたが、治療中に痛みを感じることがまったくありませんでした。普通ではまずあり得ないことで、驚きました。そのうえ、日常的にセーバーを歯茎に当てることで、歯周病や歯槽膿漏の予防と改善に効果が期待できます。歯周病はこれといった治療法がないので、臨床としてその成果が得られたら画期的なことだと言えるでしょう。

波動良法というのは、無尽蔵に存在する宇宙の光エネルギーを使っているという点で、これまでの医療とは次元が違います。肉体だけでなく、精神、霊体も含めて一瞬で整えるからだと考えられます。

すべての物質は原子でできており、振動しています。我々の身体も振動しているわけですが、波動良法は、松本先生の特殊な才能により、宇宙エネルギーを人体の要である仙骨に送ることで、振動の歪みをノーマル化していると思われます。それによって、エネルギーを送った後は患者さん本人の自己治癒力で心身の不調和のある部分が修正され、病気であれば治癒していくということになるのだろうと理解しています。

独自にいろいろと研究してきた私の見解として、これからの医療は見えないエネルギーを利用する方向に行くだろうと予測しています。高い次元からの宇宙円光エネルギーで速攻的に治癒する波動良法は、波動医学としてまさに21世紀の新しい療法だと捉えています。だからこそ、既存の論理では簡単に解明しきれないのだと言えるでしょう。

西洋医学と東洋医学が互いに協力し合い、波動良法によって患者さんの自ら治す力を引き出しながら、病気を総合的に治癒していく。そのようなあり方が、人の身体と心を癒すという医療に本来望まれる姿ではないかと思っています。

セーバーが一つあれば、国内にとどまらず、海の向こうの病院や治療院でも、あるいは医療が十分に行き届いていない貧しい国においても、病める患者さんたちに希望の光をもたらし、ありとあらゆる病気の治療に活かすことができるかもしれません。

人体にどこまで有益かどうかは、まだまだ証明しきれないでしょうが、波動良法の無限の可能性を高く評価し、松本先生のますますのご活躍に期待しています。

第5章　僧侶の役割

副住職辞任

本来、お寺というのは、人々を真理の道へと導く場所であり、救われたい人が集う場である。そして、人間最後の結末を、神仏にお返しする聖なる場所でもある。だが、今はお葬式や法事などは、自宅や会館でおこなうのが主流になり、寺で法要をする人がほとんどいなくなってしまった。これも時代の流れである。

私も一度は実家の寺を継いだ。檀家各位は、寺のみならず私たちの家までも大きくし立派にするために寄付を集め、立派なお寺にしてくれた。

まことに有難い話だが、大半の人は文句を言いながら払っていたのを私は知っている。だから、これがお寺のあり方なのか、こんなことでいいのだろうか、という思いのほうが強かった。

副住職としてやっていくために、檀家各位と仲よくし、寺との付き合いをうまく運べば、坊さんとして生活できる、ということがわかった。そのためには、自分の意見は言わないほうがいいということもわかった。

だが、寺の未来のあり方、本当のあり方を考えたとき、胸が痛み罪悪感をおぼえるのも事実だ。このままではいけない、お寺本来の働きを取り戻さなければとも思ったが、そうすると今の生活を失うかもしれない。私自身にはたいした信用はなく、これまでの慣習や風習を変える力はないとも思った。

私が自分の意見を通したりすれば、両親に迷惑をかけることはわかっていた。苦労してやっとお坊さんになったのだから、このままわりに合わせていけば将来が約束される。だから割り切ろうと自分に言い聞かせた。

だが、私の心がそれを許さなかった。内なる声が、お寺という組織から離れるように導いたのだ。

人間、いつかはわからないが、必ず死を迎える。

一度の人生を思った通り生きなさいと、内なる声が強く言った。自分をごまかして生きる人生は、生命が生きたことにならない。死ぬときになって後悔したくない。私は決断し、家を出ることにした。

お寺を辞めて家を出るとかっこよく言ってはみたが、先の見えない人生を目の当たりにして、これからどうしたらいいのだろうという不安が頭をよぎった。カシャっと音なき音が聞こえ、目の前が真っ暗闇になった。不安、それに恐怖が押し寄せてきた。これは危ない！

そう思った瞬間、内から光が入り、暗闇が消え我に帰った。

暗闇の世界に入り、不安恐怖の世界にいることが、どれだけ自分の運命を悪くしていくのかを学んだ瞬間だった。どんな状況に置かれようと、希望を見出すことが運命をよくしていくことになるのだ。選択は、自分自身にしかできない。不幸も幸福もすべてその時々の決断選択によるもの、すべて自己責任である。だからこそ物事のよい面を見出していかなければならない。そのことを、守護霊様より教わったのである。

そして、本来の僧侶の役割を実現すべく、治療という分野から足を踏み入れることにした。その結果が、画期的でわかりやすく、今までにない新しい治療方法・波動良法の開発への一歩であった。

建物の必要性

時代は進化発展し、人々の意識も高まっている。

そのような時代のなかで、私はお寺という建物が大切だとは思わない。

お寺はどこにあるのですか、とよく訊《き》かれる。

私は答える。お寺という建物はありません。建物としてのお寺がよければ、どうぞ実家のお寺を使ってください。維持費や寄付など、お金がたくさんかかりますけれど。

最近は、お寺を使うことがなくなってきている。葬儀や法事は、会館を借りておこなうのが主流である。納骨するにもお寺でなく霊園を使う人も多い。お寺に代わる施設が増えているのだ。そんないま、寄付を募ってまでお寺を建立しようとは思わない。

お寺は、人々を真理の道へと導く場所であり、救われたい人が集う場所である。それならば、自分が真理の道へと導く場（人）になり、人を救う場（人）になればいいのではないか。自分がそのような働きをすればいいのではないか。

仏教では、一人ひとりのなかに仏がいると説いている。ならば、そのことに目覚めた人こそが、寺院であり仏閣だと言えるのではないか。

時代が変わり、人の意識も高まったいま、お寺という形態も変わっていかなければならない。合理的な近代のなかでも、仏教の本質の仏性を現す進化系になっていかなければならない。

その進化の一端として、私はお寺という建物にこだわらず、僧侶としての使命を歩んでいきたいと考えたのだ。全国各地に、私の考えに賛同してくれて、檀家になりたいと申し出てくれる方がいる。そのなかには、従来のお寺との付き合いが嫌だから、寄付ばかりで嫌だからという方ももちろんいる。私は、そうした方々に応えたいと思い、私自身が本物のお寺の役割ができるよう、毎日精進し全国各地に赴いている。

一人ひとりの仏性を開花させ、目覚めさせ、自立ができるようにしていくことこそが、僧侶の役目であり、お寺の役割だと、私は信じている。

僧侶の役割

僧侶は、人間そのものを解き明かし、救われの道へと導くのが本来の仕事である。人生の最後にがんばった肉体を浄め、仏様にお返しする役目を担っている。

私はそういう役目を自覚し、仏様がつくられた人間を、波動良法という癒しを通して浄め、仏道を歩んでいきたいと思ったのである。釈尊は、人生を生老病死の四苦と説かれた。私は、その四苦のなかの「病」を、どうにかして癒したい、治したいと思い、波動良法をつくりあげた。

この世界は、目に見える世界と目に見えない世界とが表裏一体となっている。簡単に言えば、身体の汚れは見えるが、心の汚れは目に見えない。

波動良法の施術でさまざまな人と接するが、肉体を持って生きている以上、身体が汚れるのと同時に、自然治癒力も同じように汚れているのがわかる。身体についた汚れは目で見えるので、風呂に入るなどして洗って綺麗にすることができる。しかし、自然治癒力についてはそうはいかない。目で見ることができないので、どれくらい汚れているかもわからず、綺麗にする方法もわからないのだ。

そこで、私が光を降ろし目覚めさせ、なんとか自然治癒力の汚れを落とし、病気治しの手助けをしているのである。だが、そのとき私は病気を治す手助けだけをしているのではない。話すことができない身体のかわりに、身体からのメッセージを伝える役割も担っているのである。

私たちは病気からたくさんのことを学ぶ。その学びは人によって多種多様であり、元気になったら、すぐ忘れることも多いだろう。しかし、学び方によっては、永遠の宝物にすることができる。

病気には、生き方をあらためるための警告であったり、人間そのものを知りなさいというメッセージが込められている場合があるのだ。それに気付いてもらうのが本来の僧侶の仕事、ひいては私の仕事でもある。

僧侶は真理の道へと導く人であり、だからこそ、導く師、つまり導師と言われているのだ。

葬儀について

お坊さんについて、葬式坊主だという批判をよく耳にする。葬儀はたんなるセレモニーなのだろうか。答えは否である。葬儀は人生最大の晴れ舞台であり、厳粛に霊的に執りおこなうべき一大セレモニーである。

そこで、葬儀における僧侶の役目を述べておきたい。

枕経

人は亡くなると、だいたい5時間くらいで幽体という目に見えない身体がつくられていく。そのときに、駆けつけた僧侶が肉体を浄めるのである。

今世で働いていた肉体へ感謝し、今世でのさまざまな想い（なかには無念の想いもある）をお浄めする。そうして、幽体ができるまでの手助けをするのである。

そして、僧侶はその方の波長に合わせ、戒名を読み取っていく。

これが、人が亡くなったときに最初に僧侶がおこなう大事な役目である。近年、人は病院で亡くなるケースが主流になったため、遺体を自宅や葬儀会場に運んで安置したあと、脇に白布を掛けた机を置き、仏具を整えて、枕経を読誦することになる。
昔は、死んでいく人に対して、枕元で死をみとりながらお経をあげていた。死んでいく人の不安をやわらげ、あの世への案内をするためだ。枕元でお経をあげることから、枕経と呼ばれたのである。

お通夜

死者は自分が死んだことを認めたくないものだ。死んでもその人は存在していて、本人は生きていると思っているが、まわりに話しかけても反応はない。いろんな人のそばに行って身体がぶつかりそうになっても、相手の身体を通り抜けてしまう。なにがなんだかわからない状態になるだろう。そのうえ、人の心の声が聞こえてくるようになる。自分に向けられた言葉ではないのに、とにかく聞こえてくるので戸惑ってしまう。

死者がそういった状態に陥るのはたいてい葬儀会場である。まわりを確認すると、自分の遺影が飾られている。そこでようやく、これは自分の葬儀だと気付くのである。

自分が死んだことに気付くまでは、自分の家に帰ったり、葬儀場をうろうろとさまよい歩いたりしている。自分の死への悲しみがあり、死んだ自分を受け入れたくない気持ちがあり、迷い歩いてしまうのである。

だからこそ、僧侶はお通夜の儀式において、言霊を放ち、光を降ろし、慰霊しながら、行くべき道を示さねばならないのである。

葬儀

お通夜の次の日が葬儀である。葬儀における僧侶の役割は、その方の守護霊様守護神様につなげることである。

僧侶は、その方の死後の世界の行き先についてはわからない。わからないから導くことはできない。だが、その方の守護神霊様は、その方のすべてを知っていて、死後の世界の行き先も知っている。

しかし、その方と守護霊様守護神様の間には厚い壁がある。その壁によって、その方と守護霊様守護神様が直接コンタクトすることが妨げられているのである。

僧侶は光を出し、その厚い壁に穴をあけ、繋げていくのである。それが葬儀における僧侶の大事な役割・役目なのだ。僧侶がきちんと光を放つことができず、繋げることができないと、亡くなった方は、守護霊様守護神様のご指導を受けることができず、迷ってしまうのである。

真理は一つである。葬儀の方法も治療の方法も、根本は同じである。葬儀における僧侶の役割の真理を治療方法に活用したものが波動良法であるといっていい。死者と守護神霊様の関係が、そのまま病気になった人と自然治癒力の関係につながるのである。

身体は治り方治し方を知っている。治し方を知っている全知全能の自然治癒力に繋げるのが、波動良法の役割・役目なのである。

葬儀の流れ

葬儀場では、ほとんどの死者が自分の死を受け入れられず、真上から自分自身の葬儀を見ることになる。そこに、僧侶が入場してくる。僧侶は、日頃訓練している力を駆使して、死者の身体を浄めていく。そのときにお経の力を借りる。

僧侶入場の際には鐘をならす。鐘の響きにより会場の波動を浄めるためである。このとき鐘を鳴らす人は、心して鳴らさなければならない。

僧侶は精神と肉体を統一し、遺影のところに歩みよる。心のなかで死者と交流をするためである。

迷うことなかれ。そなたの背後には守護霊様守護神様がいらっしゃる。その存在に気付き、行くべき場に行くのだ。

そう語りかける。

鳴らし物を使い、幽体波動になった死者の魂を障りなく浄めていく。このとき死者の魂はまだ不安定な状態である。だから、それは魔除けでもある。

そして、お経により、魂に目覚めを促していく。

亡くなった人のなかには、今世で仏から離れた誤った想念がその人の魂の自由を奪い、魂が身動きできない状態になっていたりする場合がある。だから僧侶は気合を入れて、魂に光を繋げていく。ひいては守護霊様に繋げていくのである。

死者に誤った想念が多く、生前の行動にも誤ったものが多かったときには、なかなか魂が目覚めることができない。供養は49日までおこなわれるので、その間に目覚めることかできればよいのだが、最もよいのは生きているうちから真理を学びはじめることである。生きているときから真理を学んでいれば、49日を過ぎてもまだ目覚めないということはなくなる。

そして、参列者のお焼香に入る。大抵の場合、亡くなった方は参列者の前に立っていて、お焼香をしてくれた人達に別れの挨拶をしている。

死者は、お焼香をされる人の心のなかが手に取るようにわかる。そのため、お焼香される方は、真心を込めてお祈りをしてほしい。僧侶は、亡くなった方が参列者に障りなくきちんとご挨拶できるように眼から仏光を放ち見守る。

お焼香が終わると、僧侶は亡くなった方、および参列者の方々の悲しみをお浄めする。そして、言霊により引導を渡す。

目覚めよ、迷うことなかれ、守護霊様守護神様に感謝し、自分の行くべきところに行くのだ。未練を断ち切らせるために、その想いを無声の気合いにこめて、引導を渡すのである。

最後に、亡骸《なきがら》を浄めて葬儀を終了する。

葬儀をとりおこなったときに、いつも思うことは、生きているうちに真理を学ぶことの大切さである。

人間はどのように生きていけばよいか。死後はどのようになるのか。それらを学ぶことが、迷わない人生を歩むことに繋がり、ひいては永遠の生命を得ることになる。そこで、白龍院住職の立場として毎月1回、誰でも参加できる寺子屋を開き、生老病死についての勉強会を開催しているのである。

お盆、盂蘭盆会《うらぼんえ》

日本には、お盆・盂蘭盆会《うらぼんえ》というすばらしい慣習がある。父母の霊や祖霊を供養したり、亡き人を偲んで仏法に遇《あ》う縁にしてもらったりする。もともとは目連尊者のお母様が餓鬼道に堕ち、それを供養したことに由来する行事である。夏のお中元は、このときに祖霊に供物を捧げる風習からきたものである。

お盆には、亡くなった人が帰ってくる。一般には部屋を掃除して、仏壇にお供えものをする。さらに僧侶がその家に行き供養をする。供養とは光を降ろすことであり、その光が死後の世界において大きな手助けとなるのである。檀家各家で僧侶は言霊を唱え、光を降ろし、その家の諸々の邪念を払い浄め、先祖供養をしていく。

そのときには、亡くなった方々に対しての愛念の気持ちが必然となってくる。家族の愛念と僧侶の力が一体となったときに大きな光が生まれ、真の供養がなされるのである。

僧侶として30年以上過ごしてきて思うことは、供養の大切さである。

供養されることなく迷っている先祖が多い家は、病気も多く不幸が続いている家庭が多い。そのことは、家の玄関先でわかる。

お盆は、亡くなった方の供養がいかに大切かを知るときでもある。

お経の力

お坊さんが読むお経と一般の人が読むお経とは、やはり違っている。

人間は4つの身体を持ち、それが合わさっている。その4つの身体とは、肉体・幽体・霊体・仏体である。私は、仏体の波動を毎日響かせる修行をおこなっている。日頃からこうした仏性の波動を響かせ、光を降ろせる器となれるよう修行しているのである。

僧侶は日頃から仏と繋がり、守護神霊のご加護のもと、毎日座禅をし、祈り、本来の自分（仏）と向き合うことで仏性波動を響かせ、それをお経の持つ高い波動と一致させることで、亡くなった方に高い波動を提供することができる。

同じお経でも、どの体で読むかによって違いがあるわけだ。

子供を叱るときなどもそうで、感情で叱るのか、子供のことを思って叱るのかによって、子供への伝わり方が違ってくる。

だが、ただお坊さんに任せておけば供養になるということではない。家族の愛する思いと一つになってこそ、本当の供養ができるのである。

本当の供養とは、大きな光を降ろしていくということである。そのためには、檀家さんが日ごろから祈りを通して光を降ろすことが大切なのだ。その下地のうえに、訓練された僧侶が強い光を降ろすことで効果がさらに大きくなる。

檀家さんと僧侶が同じ方向で一体となったときに強力な光が降り、その光が亡くなった人に大きな目覚めを促し、供養となるのである。

これは、病気治しについても同じことがいえる。日頃から、患者さんが身体に対して良いことを実践し、そのうえで適切な治療を受けることにより、本当の癒しができ、治っていく。

本人にしか病気は治せないということの意味がここにある。重要なのは、どんなすばらしい治療家がいたとしても、本人が努力しなければ真の力は発揮できないということだ。僧侶も治療家も手助けをしているだけなのである。

第6章　禅と癒し

病気になったとき

病気になってなかなか治らないときは、不安に思い、恐怖心に駆られることもあるだろうが、あきらめず、治すのだという強い意識を持つことだ。

その意識が自然治癒力を高める。意識が身体に影響を及ぼすからだ。

心のなかで、もう駄目だ、と思うと、無意識のうちに脳から各器官に指令が出て、駄目だという意識が各臓器に伝わる。もう駄目だと思うことは、自滅していこうということと同じである。

必ず治る、治してみせるという強い意識を持つことが、病気をよくするための根本である。治そうと思う強い意識と波動良法の施術が一体となったときにこそ、大きな癒しが生まれるのである。

繰り返すが、これは僧侶のおこなう供養と根本的に同じである。死者に対する強い愛念と僧侶の力が一つとなったときに大きな光が生まれる供養の仕組みは、癒しのシステムと同じ真理だということがいえる。

自分の人生の主人公である自分がどうしたいかによって、運命が決まり、結果が変わっていく。まわりにあるもの、人が動かしてくれるのではないのだ。主人公たる自分の意識が重要なのである。

あなたを治すことができるのは、あなただけである。

波動良法も医療も薬も、その人の治すお手伝いをするサポーターにすぎないのである。

人の縁

実家の寺を出て治療の世界に入ったおかげで、たくさんの方とご縁をいただき、たくさんの方とお会いすることができた。

人の縁ほど不思議なものはない。地球には70億人ほどの人がいて、自分のまわりにいる人は、そのなかのほんのわずかだ。その希少な縁を鑑《かんが》みれば、自分のまわりにいる人は、すべていまの自分に縁のある特別な人なのだ。

あなたをとりまく人について、好意を持っている人もいるだろう。嫌いな人もいるに違いない。気の合う人もいれば気の合わない人もいる。なぜこんな人に出会うのだろうと思うときもあるかもしれない。

「袖《そで》すり合うも多生《たしょう》の縁」というが、道ですれ違うことさえも、前世からの縁を引いているのだ。

日々、私たちは人の評価や見方に触れては、幸せを感じたり、不幸せを感じたりしている。だから、自分につらくあたるあの人がいなければいいのにと考えたり、憎んでしまったりする。自分の気持ちを相手のせいにしているともいえる。

だが、他人を自分の幸せの基準にしていては、自分の人生を生きていることにはならない。すべてを相手に委《ゆだ》ねると相手の人生を生きていることになる。相手に振り回されるだけの人生。相手を中心とした世界に住みはじめると、自分がなくなってしまうのである。

自分の人生を生きるとは、嫌なことがあったり、嫌いな人がいたりしたときに、それを自分の成長ととらえることからはじまる。今世で嫌な目にあい、嫌な人に会うのは過去世からの縁なのだと思って、その悪い縁を浄化していけばいいと考えるのだ。仏教では因縁因果を説いている。すべては原因があって縁ができ結果を生じる。それがこの世界の原理だという。

この世界に生まれ生きているということは、過去世での因縁を浄化すると同時に、成長して仏に近づくためでもある。だが、わかっていても、なかなか本心からそう思うことはできない。それが人間の弱さである。

因縁を浄化し仏に近づく意識をどうしても持てないときは、感謝することからはじめることだ。感謝して日々を過ごしていけば、必ず自分の人生を生きることができ、人に振り回されなくなる。

自分のやったことが自分に返ってくることが因縁因果の法則である。法則を実感することができれば、自分のやったことが自分に返ってくる、つまり、相手が自分の鏡であることがわかるようになる。相手は他人ではなく、自分なのである。ならば、誠心誠意お付き合いをし、相手が嫌がることはしないでおこうという考えにもなるし、相手を大切に思うことにもなるだろう。それは自分を大切にしていることにほかならないし、同時に過去世の因縁を浄化しているのであり、仏に近づいているのである。

照顧脚下

「照顧脚下」というのは、昔の禅僧が弟子に言った言葉として伝えられているものである。

弟子が「禅の極意は?」と問うと、師匠は「照顧脚下」と答えた。照顧とは、用心・注意する、脚下とは足下である。つまり、足下をよく見るということである。それとともに、わが身、わが心、自分の立場をよく見極めるということも意味している。病気との関連で言うと、自分の生活習慣を見直すということである。

病気の治療が、薬任せになっていないか、人任せになっていないか。食生活を顧みなさい、生活リズムを顧みなさい、精神を顧みなさいと。薬が病気を治すのではない。人が病気を治すのではない。自分自身の回復力・治癒力・修復力が病気を治すのだということに気付かねばならない。

口では早く治りたいと言っていても、実際には病気でい続けたいと思ってはいないだろうか。自分の本心は本人もわかっていないことが多い。

病気を治すのは薬ではない。医者でもない。手術でもない。病気を治すのは自分自身である。薬を効かせるのも自分、医師の処置を受け入れて改善するのも自分、手術の傷を治すのも自分である。

このことは、本書でたびたび述べているが、大切な点なので繰り返す。病気を治すのは自分である。薬、手術、医者は、その手助けをするのみである。

照顧脚下は、汝自身を知れということでもあり、自分に備わっている無限の治癒力に委ねよという意味でもあるのだ。

そして、この言葉を表したのが波動良法なのである。

言葉の持つエネルギー

１ヵ月間、果物にネガティブな言葉を浴びせ続けると、その果物は見るも無残に腐ってしまった。逆に、毎日感謝の言葉をかけ続けた果物は、そのままの状態を維持していた。嘘のような話だが、これはきちんとした実験の結果である。

植物に関して、鉱物に関して、水に関して、似たような話をいろいろなところで聞く。これは要するに、言葉にはエネルギーがあって、それが対象に影響するということである。

日本に古くからある言霊《ことだま》文化は、「言葉」に出すだけで、それが現実化するというものである。

神社で「祓《はら》いたまえ」という祝詞《のりと》を唱える。それは、「穢《けが》れを祓いたまえ」ということなのだが、そう唱えるだけで穢れが祓われたことになる。

受験生の前で「落ちる」「すべる」という言葉を言ってはならないというのは、現代に引き継がれた言霊文化である。結婚式では「破れる」「別れる」などという言葉を使ってはならないというのも、なにかの会が終わるときに「お開き」と言うのも同じである。

宮崎駿監督の『千と千尋の神隠し』という映画では、「千尋」は「荻野千尋」という自分の名前を奪われて「千」という名前をつけられる。そのことで「千」は完全に支配されてしまう。

「千」に、自分の「千尋」という名前をけっして忘れてはいけないと、ハクが忠告する。だが、忠告者であるハクもまた自分の名前を忘れてしまったために自由を奪われている。そこで「千」がハクに本来の名前を思い出させることにより、ハクは自由をとり戻す。

この宮崎駿の世界では「名前」は「存在」そのものであり、名前を奪われることは自分の存在を奪われることであり、名前を思い出すことは自分そのものを取り戻すことなのだ。ここに描かれているのも言霊である。

いまから１２００年ほど前に、弘法大師空海が「身口意」というものを日本に持ち込んだ。「身」は身体を使っての行動・行為、「口」は言葉を唱えること、「意」は意識を集中することである。この３つを同時に極めることが最高の行だというのである。

学校にも会社にも朝礼があり、そのときに目標や会社の理念などを大きな声で唱え

るところも少なくない。これも言葉に大きな力があるからである、

病気を治そうと日々がんばっている方は、本書を読まれたのを機に、毎日自分の身体に感謝の言葉をたくさんかけてあげていただきたい。病気を治すためには、言葉のエネルギーがとても大切である。

自分を大切にする生き方

お釈迦様の言葉に「法を見るものは我を見る、我を見るものは法を見る」とある。これは、その人の法、すなわち神を見ていくということである。

この言葉を日常の生活にわかりやすく実行していくには、人生誰を相手に生きるかということが重要な選択になる。

人を相手に生きていると、その人の言葉や行動によって、いい気持ちになったり不愉快になったり、物事がうまく運んだり運ばなかったりするようになる。不愉快になったときや物事がうまく運ばなくなったときには、すべてがその人のせいになる。

しかし、その人に頼らずあてにもしないで生きていたらどうだろう。その人の言葉

や行動にそこまで影響を受けなかったはずである。だが大抵の人は、知らず知らずのうちに人に振り回される運命をたどるものである。

守護霊様を相手に生きる生き方

人間には、見守り導いている守護霊様が必ずおられる。一人ひとりに守護霊様が必ず付いている。自分にはいないと言う人は、自分の守護霊様の存在に気付いていないだけである。

人から嫌なことを言われたり、嫌なことをされたりしたなら、それは守護霊様のおはからいなのである。嫌な言動の人を通して、自分の業《ごう》を消す機会をいただいたということである。

辛いことも、嫌なことも、守護霊様が自分の運命をよくしていってくださると捉えることだ。学びを受け、自分の成長の糧としていくのである。

そうすると、不愉快なことはなくなり、運命がみるみるよくなっていく。自分を大きく成長させることができ、自由自在心となる。もう人に振り回されることもなく、自分の人生を生きることができる。これこそが、自分を大切に大事にする生き方の基本だといえよう。

過去を変える生き方

多くの人が過去の思い出に苦しめられている。思い出したくない過去を背負ったまま、何十年も抱えて生きていく人も多くいる。過去のマイナスな経験、失敗した、嫌われた、誤解されたなど、ネガティブな体験をしたことで、自分へのネガティブな思い込みを持ってしまう人も多いのではないだろうか。

自分の思い込みに加えて、周囲からもひどい扱いを受けたりしてしまうと、それが本当の自分なんだという考えが固まってしまい、誤った自分像ができあがってしまう。人からの評価を本当の自分だと認めてしまうと、内に無限の可能性を秘めているにも関わらず、その能力に制限がかかってしまうことを知らねばならない。

だが、過去の苦い経験・体験をどうやっても忘れられないという人もいるだろう。そこで、過去を変えていく作業が必要になる。嫌な思い出、体験を抱えて後生大事に掴んでいてもなにもいいことはない。かえって、運命が悪くなっていくばかりである。

過去の経験があったから、いま新たなすばらしい自分になれているのだと、何度も繰り返し言い聞かせることが大切になる。そして、新しく生まれ変わったつもりで1日を生きてみる。

実際、人間は日々変わっている。全身の細胞が1年半で新陳代謝されて新しいものに変わっていくように、変わらない人間はいない。

過去のマイナス体験が浮かんできたら、過去の体験があったから自分はいま進歩しているのだ、過去の経験があったからいまいろいろなことがわかるのだ、と、過去のマイナス体験をいまのプラス思考に変えていく。それが過去を変えるということなのだ。とるに足りない小さなことのように思えても、なにも進まないように思えても、一つひとつをおろそかにしないで自分と会話すること。そうすれば、苦しい過去は消え去り、いまが変わっていく。

いまが変われば、自分を心から好きになっている自分に気付くだろう。それはとりもなおさず、自分の人生の完全性に気付いていることにほかならない。
失敗を自分の成長に変え、人生の主人公となったとき、あなたは真の成功者となる。

守護神霊様

守護神霊様は目に見えない。だからといって存在していないわけではない。人を24時間見守り、導いているのだが、人間のいろいろな想いが邪魔をして、普通の人には守護神霊様の声が聞こえない。この守護神霊様の声を聞くためには、まず自分自身に問うことである。自分自身に聞くことである。

悪いことをしたときには良心が痛む。このときの「良心」が守護神霊様の声であるとも言える。

人間は神様に似せてつくられている。そして、人間のなかには神仏がいる。

自らの内にいる神仏を引き出すために、仏教では座禅をして無我の境地になる。内なる神仏と出会うために毎日座禅をしているのである。神仏に出会い合体することができれば、それが悟りとなる。また、神仏と合体できなくても、神仏と出会う回数が多いほど、正しくものを見、考え、行動ができるようになる。

毎日座禅をすることができない人は、日頃から守護神霊様に感謝し、自らの内の声に耳を傾けるようにすればいい。守護神霊様の声は、頭で考えて出てくるものではない。瞬間に感じる言葉である。

このときに気をつけないといけないことは、業《ごう》で感じたこと（自分勝手な思い）を、守護神霊様の声と間違えないことだ。守護神霊様の声なのか業の声なのかを分別することがとても大切である。

だが、難しく思う必要はない。頭でいろいろ考えず、なにかに集中しているとき、切羽詰まったとき、直観の閃きにより答えが出てくることがある。それこそが守護神霊様の声である。

自分の身体をどう扱うか

あなたは自分の身体をどう扱い、どう見ているだろうか。

自分の身体だからなにも考えたことがないという人は、無理をしがちであり、身体を粗暴に扱う傾向が強い。身体の声に耳を傾けようとしていないのだから無理もないことである。暴飲暴食をし、薬をむやみやたらに飲み、生活習慣の乱れを気にしない。こうした傾向の人は、病気になるとすべてを医者任せにすることが多いようだ。

自分の身体は神仏からの借り物であり、尊い器である。これがわかっている人は、身体を大事に扱う。けっして無理をせず、無理をしたときには身体をケアし、癒す。身体にいいものを取り入れようともする。身体そのものにも細胞にも、光明な言葉をかけて、その声を聞き大事に扱う。これは、先にも述べた、自分のなかに神仏を見ようとする態度に通じる。

一枚の布があったときに、高級な布と見て大切にするか、布きれと見るかで布の働きも運命も変わる。高級な布として扱えば、高級な服に仕立てて美しく活躍することになるだろう。だが、たんなる布きれとして粗末に扱うなら、雑巾になってしまうであろうし、少しでも汚れればすぐに捨てられてしまうだろう。

自分自身もこれと同じである。自分が身体に対してどういう意識を持つかによって、行動が変わり、結果も変わる。ひいては人生も変わってくる。病気になるかならないかは、意識の持ち方にかかってくるといってもいいだろう。

1円を笑う者は1円に泣く

1円を笑うものは1円に泣くという。これは、たとえ1円であっても大切に扱うことの重要性を説いているのだが、身体についても同じことが言える。

身体を粗末にすると病気になり、身体を大切にしていると健康が維持できて、身体に救われる。

身体には37兆個もの細胞があるので、少しくらいの細胞なら、たとえ傷んでも病気になることはない。実際、私たちの身体のなかでは毎日がん細胞が誕生しているわけだが、それを退治する自然治癒力があるおかげで、がん病巣がつくられることはない。

しかし、日々誕生するがん細胞と自然治癒力とのバランスが崩れると、がん病巣ができてしまう。バランスを欠いたままでいれば病巣は次第に大きくなり、最後にはがんの診断を受けることになってしまうだろう。

それを避けるための注意は簡単で、暴飲暴食しないこと、適切に運動をすること、ストレスをためないことである。それによって、がん細胞が発生することを抑える。また、質のよい睡眠をとるなど、自然治癒力を落とさないように気をつける。両方に気を配り、大切にすることによって、がん細胞の発生と自然治癒力によるがん細胞の消去がうまく働くようになる。

こうした気配りは、いってみればちょっとした、些細なことである。些細すぎて見過ごされがちな1円のようなものである。だが、その些細な気配りをおろそかにしていると、積もり積もって重大な結果を招いてしまうことになる。

いつも感謝しよう。自分の細胞の働きとがんばりを理解しよう。見過ごされがちなところに目をとめ、感謝することで、身体は自然に味方になり、生涯にわたってあなたを助けてくれるだろう。

第7章　波動良法Q&A

Q　病気はなんのためにあるのですか？

A　病気は、浄化とメッセージが表層化したものです。

浄化とはつまり、過去世から現在に至るまでの誤った想念を、守護霊様が修正のためにあらわれて消してくれているということです。その発露が病気です。

もう一つはメッセージです。この病気を通して、生活習慣をあらためなさい、考え方生き方をあらためなさいと、その人にしかわからないメッセージを投げかけています。そのメッセージに気付き成長できるかどうかが要になります。ですから、私はその方の守護霊様と一体となってできるだけのことをし、苦しみ少なく病気を乗り越えられるように、自然治癒力を最大限に引き出しているのです。

Q　本当に自然治癒力が高まっているのでしょうか？

Ａ　言葉では納得できないこともあるでしょうから、施術のなかで圧痛点の痛みをお互いに確認する手順を取り入れています。自然治癒力以外の力が働くことのない状況で治っていくことを体験していただければ、目に見えないものを信じない人でも、自分の感じる痛みがなくなるという驚きとともに、自らの持つ力を認識してもらえると思います。

痛みが消えるということは、全身の骨格が正常の位置に戻り、細胞・機能が高まったということだからです。

Ｑ　痛みが元に戻ったのですが……

Ａ　施術を受けても、再び痛みが出てくることがありますが、これは、元の悪い状態に戻ってしまったわけではありません。むしろ今まで蓄積され、溜まっていたマイナスエネルギーが表出しているのです。灰汁《あく》をすくいとるように、何度も繰り返し取りのぞいていかなくてはいけません。

自分が撒いた種は自分で刈り取るしかありません。苦しみも、痛みも、自分で消さなければならないのです。どんどん消していけば、自然治癒力の働きをさえぎっているマイナスエネルギーそのものが減ってきますから、本来の力が蘇り、力強く働くようになります。

Q　治療中の心構えを教えてください

A　波動良法で治癒力を高めていったとしても、自身の意識がネガティブになり、外へ外へと救いを求めてしまうと、迷いの道へと入ってしまいます。迷わないためには、自分の内に目を向けることです。

ご自身の身体に自信をもち、これだけの力が自分にはあるのだと信じてください。自分の力を引き出していけば必ずよくなるという意識を強く持ってほしいのです。それほど、自身の意識は身体への影響が強いのです。すべてを成し遂げる力があるのです。

Q　霊感も医療の知識もない私ですが、波動良法をマスターできますか?

Ａ　少しでも病気を治す手伝いをしたい、病気を治したいと思う気持ちがあれば、どなたでもマスターすることができます。ここでも強い気持ちが大切です。

Ｑ　難病ですが、波動良法で治りますか？

Ａ　病気は、病気になった本人にしか治すことができません。波動良法は、自分の力を最大限に引き出し、病気治しの一助をしていくものです。どんな病気であっても同じ施術方法です。

Ｑ　波動良法のすばらしさとはなんですか？

Ａ　私の力が関与しないところです。私の役目は、自然治癒力の源である仙骨に光を降ろして共鳴させるとことです。その後は、身体の働きに任せるだけです。私が治り方にまで関与してしまうと、かえって身体の邪魔をすることになってしまいます。

Ｑ　波動良法は、宗教ですか？

Ａ　私はもともと曹洞宗の禅寺の僧侶で、実家のお寺を継いでいました。現在は無宗派の僧侶としてお勤めをしています。そのため勘違いされる方も多いのですが、波動良法は宗教ではありません。施術のために信仰が必要になる、といったようなことはありません。

Ｑ　病気が治らず落ち込んでいます。どうしたらいいでしょうか？
Ａ　この現象は決まっていたのだと思うことです。運命は、生まれたときに80％決まっていると言われています。いまあらわれている現象は、過去世からの想い・行為が蓄積されたものです。ですから、現象を悔やんだり、なぜこうなってしまったのかと運命を呪っても意味はありません。考えても仕方ない部分が多すぎるからです。自分の過去の過ちを探そうとするよりも、いっそ開き直ってしまった方が自然治癒力は高まります。

　過去は終わっていますが、未来はこれからつくりあげていけます。身体を自分の味方だと思い、よい方へ目を向けましょう。

病気になっている今は、自然治癒力が働きにくい状況かもしれません。そこにさらにネガティブな考えを重ねてマイナスエネルギーを増やすのはやめましょう。ネガティブ思考は、自然治癒力を低下させます。

病気なんかに負けないという強い意識をいつも持っていてください。

病気に負けてはいけない

病気を治すのだという強い意識を持つことが大切である。

病気を早く治そうと焦り、いろいろなものに手を出して失敗する人もいる。身体に必要のない行為、たとえば必要のない薬を大量に服用しようとすると、身体が拒否反応を起こすこともある。取り返しのつかない結果を生むことも珍しくはない。

そうならないためにも、身体の状況をよく見て、必要な治療をすることである。

治療方法にはいろいろなものがあるが、いずれも手助けであり、サポートにしかならない。病気は本人しか治すことができない。治るためには、病気に負けない強い意志が大切になる。だが、身体の持つ力を発揮できさえすれば、必ず第三の定命まで生きることができるのだ。

死はどうしても避けられない運命である。どんな大切な人でも、家族でも逃れることはできない。死に際して苦しむのは、自分の力を使わずに他を頼りすぎているからであり、第三の定命まで生ききっていないからにほかならない。

しかし、一足飛《いっそくと》びに目を開き、生き方を変えるのは難しい。家族に一人、自然治癒力を引き出し、痛みを消し去ることのできる施術家が必要だと思うのもこの故である。苦しみ少なく病に立ち向かえるようにという思いからなのだ。

祈りとは、手を合わせることだけではない。神仏と繋がった生活をすることこそが祈りであり、それが健康と幸福への近道となるのである。

波動良法　体験談

全身ガンながら腫瘍マーカーは正常値に　（50代女性）

私の母は大腸ガンの末期で、全身に転移していて、あと3日の命と診断されました。本人も痛みに苦しんでいて、見ているのがとてもつらく、切なくなるほどでした。

私たちは、最後の望みをかけて波動良法を受けることにしました。朝の時点では、1人で歩くことすら困難な状態だったのですが、1回の施術で、なんとその日の夜には自分で着物を着て、食事会に行けるほどになったのです。

ガンは肺を半分まで侵し、肝臓は3倍くらいに腫れて、胃も働かない状態でしたので、母の回復力にはびっくりして、信じられないくらいでした。

2週間後に、近くの病院に行って検査をしました。レントゲンで見ると、ガンが消えているわけではないのに、腫瘍マーカーが正常値になっていることがわかりました。

本人はどこにも痛みを感じず、元気でスタスタ歩いていたのです。その姿を見て、病院の院長先生が首を傾げ、

「私は医者を30年以上もやっているが、こんな不思議な経験をしたことがない」

と、言っていました。

私は、もう覚悟をして、母を近くに連れてきて、苦しくても最後のときを自宅で過ごそうと思っていたのですが、思いがけず安らかな日々を過ごすことができました。呼吸が少し苦しそうであること以外は、痛いところはどこもなく、点滴も酸素マスクも薬も、なにもしていません。そのような末期ガンの患者が、どこにいるでしょう。

「どうしてこんなことができるのですか?」

と聞いたところ、松本先生は、

「私が治しているわけではありません。その人の自然治癒力を最大限に引き出しただけです」

と言われました。

それでも私は、いつも痛い痛いと言っていた母の姿を見ていたので、いくら本人の

力とはいえ、それを引き出してくれた波動良法にとても感激しました。

その後も、少しでも具合が悪いと、1日に何度も駆けつけてくれて、先生には感謝の気持ちでいっぱいです。

現在、たくさんのガン患者さんが末期の痛みに苦しんでいると聞きますが、モルヒネも打たず、チューブだらけの姿も見ず、なんの副作用もない、こんな良法があることを、一人でも多くの方に知らせてあげたいと思っています。


（50代女性）

治ることのない白血病だが、身体がとても楽になった

白血病という重病にかかり、正直いって心身ともに真っ暗になりました。もちろん、すぐに命がどうこうなるわけではないのですが、治ることのない病気です。

治療薬のインターフェロンなどの副作用で、身体がパンパンに張ってしまい、とてもだるくて、週に2日は鍼やマッサージへ行かないと、もたないような状態でした。

そんなとき、同じ病気を持つ知人から波動良法の紹介を受けました。

半信半疑で行った最初は、身体になにが起きているのか全然わからなくて、次回の予約も電話でお断りしました。

ところが、良法を受けたその日にいつもの鍼の治療院に行って、とても驚きました。鍼の先生にもマッサージの先生にも、波動良法のことは一言もいわなかったのですが、鍼の先生が、

「どうしたの？　今日は、いままでのなかで一番体調がいいんじゃないの？」

と、驚くのです。

その後、マッサージの先生も同じことをおっしゃいましたので、良法の効果が出ていることを確信しました。

急いでもう一度予約を入れ直したことは、いうまでもありません。

私が通っていた病院の先生は、東洋医学や代替療法に理解のある先生で、病院での治療を続けながら、効果が期待できるものはすべて試してくださいと勧めてくれました。

波動良法は、最初は毎日続けていました。無菌室に毎日通ってきて下さったときもあります。私の身体は本当に楽になりましたが、なぜ効果があるのかは、目に見えない世界の話ですから、正直なところよくわかりません。

ただ、目に見えることとしては、私の顔つきが変わったことや、痛みがとれて身体中が軽くなったこと、それに、現実に私の病状がだんだんよくなってきて、お医者様に驚かれるくらいによい状態を保っているということです。

なにが起こっているのかはわかりませんが、なにかが起こっているのですね。

私は、今まであらゆるものを勧められ、試してきましたが、自分の治癒力を引き出してくれたのはこの波動良法だけです。

（35歳　女性　子供の腹痛）

抗生物質が効かなくなると言われ……

子供の腹痛で病院に行きましたが、医師には「ウイルス性の風邪でしょうから、薬は出しません。安静にして様子をみてください」と言われました。抗生物質はもらえないのかと聞くと、「安易に抗生物質を飲んでばかりいると、耐性菌ができて、いざというときに抗生物質が効かなくなってしまうかもしれませんから、様子をみましょう」と言われました。納得はしましたが、息子は腹痛で苦しみ続けていました。

そんなとき、親はとても辛く、どうしたらいいのか不安でたまりません。私は、松本先生の治療院に出向き、息子を施術していただきました。すると、すぐにお腹の痛みが消えました。驚きと感謝感激でした。

その後、私も波動良法をおぼえて、子供達に施術しています。

松本先生がおっしゃるように、一家族に一人、波動良法ができる人が必要なのだなあと、重要性を感じています。

子供（風邪で40度の熱）の喉の痛みと頭痛が、瞬時に消えた　（北海道　女性）

13歳の子供が風邪を引いて、40度前後の熱が3日ほど続きました。病院で抗生剤と解熱剤を貰いましたが、指示通りに飲んでも熱は一向に下がりません。次第に体力、気力が落ちていき、喉が腫れて痛そうで、頭痛もあるようで、とうとう食事も喉を通らず、目も開けていられなくなってしまいました。

そのうえ、薬も効かないので、母親の私は不安でたまらず、以前にお稽古の先生からご紹介いただいた、波動良法を受けることにしました。

移動する車のなかでも、子供の意識は朦朧としていて、足取りも不安定だったのですが、たった1回良法を受けただけで、あっというまに喉と頭の痛みが消えました。そのとき子供は、今なら食事ができる！　と思ったそうです。

家に帰ってみると、本当に食事ができるようになっていて、久しぶりにまともな食事をとってくれました。熱は、その後除々に下がっていきました。

子供は、喉と頭の痛みが瞬時に消えてくれたことでかなりホッとし、身体もずいぶん楽になったようです。親としては、子供が苦しんでいる姿を見るのは、たいへんつらく、胸が痛みます。

そんなとき、痛みを消して、精神的にも助けてくれた波動良法には本当に感謝しています。ありがとうございました。


3回の良法で、20年来の蓄膿症がすっかり治った　（20代女性）

私は蓄膿症のため、いつも鼻が詰まって、すっきりしない日が続いていました。

そんなときに波動良法を紹介され、施術を受けたところ、鼻の通りがスーッとよくなって、目もすっきりしました。

その後3回波動良法を受けて、蓄膿症はすっかり治ってしまいました。

それだけではなく、生理痛がつらいときに良法を受けると、お腹がゴロゴロと動いたあと、痛みがスーッと消えていきます。不思議なことですが、今ではすっかり生理痛もなくなりました。

お薬に頼っていた日々が嘘のようです。


（65歳女性）

一瞬にして、リウマチの痛みが消えた

長年苦しめられたリウマチの痛み。といっても、その痛みは他人にはわからないと思います。どこの病院、治療院に行っても治らないままでした。

波動良法を受けるご縁をいただき、治療は一瞬なのに、不思議なことに痛みがなくなり、驚きました。ですが、長年身体をいじめてきましたので、また痛みが出てきます。

松本先生は、蓄積された痛みの要素が出てきているといっていましたが、その言葉は、私にはなかなか理解できませんでした。

その後、波動良法を受ける回数が増えるにしたがい、身体が軽くなってきて、だんだんと身体でわかったような気がしています。

今では、おかげさまで、普通に歩けるくらいにまで回復しました。

また、これまでは座薬をしなければ眠れなかったのですが、今では座薬なしでも十分に眠ることができ、とても喜んでいます。

これからも波動良法を受けて、身体を大切にして生きていきたいと思っています。


強い薬も効かなくなったほどの頭痛が、10年ぶりに消えた　（30代女性）

私は、若いころからずっと頭痛に悩まされてきました。最初のころ効いていた病院の薬もだんだん効かなくなり、薬はどんどん強いものへと変わっていきました。やがて強い薬も効かなくなり、痛みと苦しさで10年近くもまわりの人や夫に迷惑をかけてきました。

ある日、夫が知人から波動良法のことを聞き、「駄目でもともとだから、受けるだけ受けてみれば?」と言うので、半信半疑で良法を受けに行くことになりました。受けてみてびっくりしました。1回受けただけで頭が軽くなり、1ヵ月くらいで、あれほど悩まされていた頭痛がすっかりなくなりました。

いまは薬もまったく飲まなくなり、薬が効かないときの不安と恐怖、長期にわたる頭痛の苦しみなどが、もう本当に嘘のようで、夢のようです。

そのうえ、なぜだか生理痛もまったくなくなりました。感謝の気持ちで一杯です。こんな快適な生活があることの幸せを、日々噛みしめています。もっと早く良法に巡りあえればよかったと思うこのごろです。

流産を繰り返していたが、ついに元気な赤ちゃんを授かった　（30代女性）

波動良法をしていただくようになって、すでに3年が経ちます。特に病名のつく病気を持っていたわけではありませんが、流産を繰り返しており、なんとか子供ができる身体になりたいとの一心で良法を受けました。

流産については、１９９８年に妊娠をしたときが最初で、その後３度も妊娠初期の流産を繰り返しました。そのことにより、私は精神的にも肉体的にも追い詰められた状態にありました。

病院で検査をした結果、身体的な異常は見られないものの、着床できにくい身体なので、子供は難しいということでした。しかし、それでも諦めきれず、不妊治療を受け、妊娠することはできたのですが、またしても流産してしまいました。

そこで、これで駄目なら諦めようと心に決めて、波動良法を受けたのです。はじめて波動良法を受けたときは、あまりにも施術の時間が短いので、物足りなさを感じました。しかし、施術後、身体の痛みがすべて消えているのを実感し、その不思議さにびっくりしました。

「あなたは自分の力で自分の身体を癒し、治しました。痛みが消えたのは、その結果です」

と、言われましたが、そのとき私は、この波動良法で体質改善ができ、妊娠出産できるかもしれないと直感しました。

あれから3年、私は一児の母です。波動良法のおかげで、妊娠した後、はじめて流産することなく出産まで行き着くことができ、元気な赤ちゃんを授かりました。

今では、親子3人で、健康維持を目的に施術を受けています。この波動良法に巡り合えたことが、私の人生を大きくよい方向へと変えてくれました。

波動良法中に空間が歪み、七色の光が交差を繰り返すのが見えた　（40代男性）

妻が通っていて身体の調子がよさそうなので、最初は半信半疑でしたがついて行きました。妻が施術を受けているベッドをぼんやり眺めていると、先生が手を動かしているあたりから、陽炎のように空間が歪んでいるのがわかりました。それは、20センチから30センチくらいのものでした。

気のせいかと思い、何度も見ましたが、陽炎や蜃気楼のように、空気が立ち上って揺らめいていることはたしかでした。患部の近くは変形し、また元の形に戻るというような動きでした。

七色の光が、交差を繰り返しているのも見えました。

そのような目に見えない世界を見ることは、私にとって生まれてはじめてのことでした。

私は、驚くと同時に、あまりのすばらしさに感動しました。

その後、私も良法を受けるようになりました。今では、週に1回のペースで続けています。施術を受ける前と比べると、疲れにくくなったように感じます。また、以前にくらべてストレスが溜まりにくくなったとも感じています。学生時代のように、夜眠ったら翌日にはきちんと疲れが取れている、この状態が健康体というのだと実感しています。

波動良法を受けるとすぐに眠くなります。先生の言葉で説明すると「身体が自己修復をはじめるから」だそうです。

肉体的には、胃腸がゴロゴロと動きはじめ、お腹の張りがなくなるという特徴があります。身体中の痛みが消え、全身が非常に軽くなるのも、波動良法ならではのことです。

この波動良法に出会えたことで、私の今後の人生までも変えていただいたような気がしています。

激しい痛みに襲われた後、7年越しの胃潰瘍が完治した　(55歳男性)

7年前に胃潰瘍になって以来、何回も胃潰瘍を繰り返し、今にガンになるのではないかと不安の日々を過ごしていました。

病院に行っても薬と注射ばかりで、その薬も最初のころは効いていたのですが、だんだん効かなくなり、強い薬へと変わっていきました。そうして、とうとう手術を迫られるはめになりました。

波動良法を知人に紹介されたのはそのようなときでした。施術の時間が短いので、これで本当に治療になっているのかと、最初は不思議に思いましたが、初回から胃の痛みが、スーッと楽になりました。

その後、回数を重ねるたびに胃が軽くなり、もうこれしかないと思いました。35回目の施術の日の夜、急に激しい胃痛に襲われ、熱も38度にあがり、一時は救急車を呼ぼうかとまで思いましたが、我慢することにして翌朝病院に行きました。

検査の結果、なんと胃潰瘍がきれいに治っているといわれたのです。

治るときには痛みが出る、熱が出るということを松本先生から聞いてはいましたが、自分が本当に体験するとは思ってもみませんでした。

私には、もうこの波動良法しかないと思っています。

腫瘍マーカーの進行が止まり、ガンが消えた

（34歳女性　乳ガン）

3年半前、乳ガンで右胸とリンパを切除し、その後経過は良好だと思っていました。それが、今年の7月ごろから咳が止まらなくなり、腫瘍のマーカーもどんどん上がってきて、肺への転移を知りました。

化学療法はなるべく避けたかったので、ガンの治療で有名な土佐清水市病院に行き、そこで波動良法を知り、週に2回受けました。結果は、それまで上昇していた腫瘍マーカーの進行が止まり、ひどい咳による背中や胸、腰の痛みなども消え、咳そのものも軽くなってきました。

そして、1ヵ月半後には右肺のガン細胞が消えているといわれたのです。そのときは、言葉にすることのできない喜びと感謝で一杯でした。

また、胃痛なども瞬時になくなるので、今では胃薬よりも波動良法を頼っています。

遠い四国に最後の望みをかけて行きましたが、すばらしい病院の治療と松本先生の波

動良法に出会えて本当によかったと感謝しております。

波動良法10回で、再発ガンの進行がピタリと止まった　（40歳女性）

ガンにかかったのは、今から4年前でした。そのとき手術をしたのですが、2年半前に再発しました。そのときのショックは、言葉ではいいあらわせないほどでした。土佐清水病院で波動良法に出会い、最初のころは変化がありませんでしたが、10回目くらいから身体が軽くなってきて、よく眠れるようになりました。痛みも、そのころからほとんどなくなってきました。検査をすると、血液もよく、腫瘍マーカーもよくなり、ガンの進行が止まっていたのです。とても嬉しく、感謝しています。

本当にありがとうございました。

1回で痛みが消え、現在は、血沈、腫瘍マーカーも正常値に　（38歳男性　肺ガン）

とにかく背中が痛くて仕方がありませんでした。波動良法をしていただいて、1回で痛みが消え、喜ぶとともに、びっくりしています。

現在では、血沈が正常値、腫瘍マーカーも正常値になり、退院を心待ちにするまでになりました。

本当にありがとうございました。

1回の波動良法で頭痛が消え、手のむくみ、顔の腫れも消えた　（57歳女性　膠原病）

私は、ステロイドの副作用で頭痛があり、ずっとモヤモヤしていました。しかし、1回の良法で、何ヵ月も続いた頭痛がスッキリしました。

また、目が重く開かなかった状態だったのですが、数回の良法で目がスッキリ軽くなりました。そのうえ、なによりも嬉しかったのは、手のむくみ、顔の腫れがなくなったことです。

土佐清水病院は、遠い四国にあり、行くときはためらわれましたが、本当に行ってよかったです。ありがとうございました。波動良法の発展を心よりお祈り申し上げます。

鎧を着けたように重かった背中が、あっという間に軽くなった（47歳女性　肺がん）

鎧を着ていたような背中の重みが、1回の波動良法で半分になりました。良法を受けた次の日には、逆に重くなりましたが、2回目にはさらに軽くなり、本当に驚いております。

検査結果も良好になり、たいへん喜んでおります。本当にありがとうございました。

今後も波動良法を続けさせていただきたいと思いますので、よろしくお願いいたします。

小児リウマチの子供に、9ヵ月目にはっきりとした効果が

（愛知県　女性）

子供が、約4年前の小学校2年生のときに小児リウマチを発病しました。最初の2年半は、ひざ、ひじ、足首の関節炎で、ときたま痛みが強いときは、半日から1日ぐらいの間、歩くのが困難になりましたが、その他は元気で学校にも通っていました。ところが、今から1年前に体調を崩し、とにかく身体がだるく、学校に行く元気もなくなりました。その状態が1ヵ月近く続き、その後熱も出てきました。

知人から四国によい病院があると聞き、平成8年7月に土佐清水病院に即入院し、幸運にもステロイドを使わずにすみ、熱も下がりました。しかし、その後微熱が続いたり、血沈が高くなり、関節の痛みも続いたりと、なかなかよくなる兆しが見えてき

ませんでした。

平成8年9月、子供の入院している病院に、週2回、松本先生が施術に来てくださることになりました。リウマチはとにかく痛みがあるので、痛みを消すことのできる波動良法に驚き、そのすごさに飛びつく思いでした。

一瞬の良法で、痛みは消えるのですが、しばらくするとまた痛みが出てきます。それを、良法でまた消してもらうということを繰り返していくうちに、だんだん痛みがとれていきました。

調子の悪いときは親子ともども不安ですが、そういうとき、先生はすべての質問にていねいに答えてくださり、私たちに生きる希望と力を与えてくださいました。

私は、どうしても治療を続けたく思って、退院後、転地療養に踏み切りました。入院中からあわせて波動良法を受けた期間は、11ヵ月間でした。

治療の効果がはっきりとあらわれたのは、9ヵ月目ごろからです。ＣＲＰが（－）、血沈も1時間値が1千という、これまでで一番低い数値が2ヵ月間続いています。

先生には本当に感謝の言葉もございません

《病気で苦しんでいる方へのメッセージ》

現在病気の方は、病気が憎くて仕方ないかもしれません。しかし、これだけは知っておいていただきたいのです。

病気として現れているということは、その必要があったからであり、それはなんらかのメッセージであるということを――。

その人の運命は、他人が請け合うことができません。それと同じように、病気もまた誰も肩代わりできません。どんな名医・優秀な科学者も、人工的に治癒力をつくることはできないのです。

病気に対する治癒力は、一人ひとりに内包されていることに気付いてください。人間の完全性、偉大さ、強さ、すばらしさを理解してください。

さらには、自分の心を見つめてください。自分を責めたり、人を責めることをやめましょう。そして、自分は必ず治るのだという意志を強く持ちましょう。

「長くかかる病気だ。治らないかもしれない」と思ったら、病気は身体から離れず、長く肉体に宿ってしまいます。思ったことが実現する、ということを知ることが大切です。

マイナス思考になると、その波動が肉体に影響し、細胞が衰えてしまいます。マイナスに影響されていくのです。

プラス思考になりましょう。プラス思考になれば、全身の細胞が活性化して自然治癒力が強くなっていきます。

人間にもたされている意識の力は偉大です。

痛みがあって、身体がいつも重くて苦しいときがあっても、身体はがんばっています。身体は、いつあなたの味方です。自分のなかにある力、自然治癒力を信じて、感謝しましょう。

24時間見守り導いてくれている守護神霊様に感謝しましょう。感謝によって、人間の最大の力が発揮されていきます。

波動良法により圧痛点が消えるということは、自分にそれだけの力があるということなのです。一つの圧痛点が消えることは、身体のなかで、素晴らしいことが起こっている証拠なのです。
その完全たる自分を信じてあげてください。
そして、最後まで自分を信じ続け、あきらめないでください。

おわりに

本文でも述べたが、本書を締めくくるにあたって、私が最も皆さんに伝えたかったことを、ここであらためて述べておきたい。

それぞれの人には、それぞれ専属に守っていらっしゃる守護霊様守護神様がおられる。私の場合、その守護霊様守護神様の導きによって、自分の理想とする治療方法が完成した。

波動良法は、ある意味で「神霊治療」でもある。神霊治療というと、その道を究めた特別な人しかできないというイメージを持つ人も多いが、そうではない。波動良法は、やる気になれば、誰でも必ずできる。

ただ、そのためには、一人ひとりが守護霊守護神様の存在を知ることが必須となる。あとは、宇宙エネルギーを降ろす練習を積めば、誰でもできるようになるのである。

人生において、病気というものは避けて通れない。その病気に対してどう取り組むかによって、人生は幸福にも不幸にもなる。

一家族に一人、波動良法を使える人がいれば、どれだけ救いになるだろうか。一家族に一つ薬箱があるように、一家族に一人、波動良法ができる人が育つことを私は祈願してやまない。

そういった意味で、これからの私の役目は、一人でも多くの人に、波動良法を習得していただき、病気を通して、真理の道へと導いていくことである。

新たなる時代において、本書がその一助になれば幸いです。

松本光平

2016年8月吉日

著者プロフィール

松本　光平（まつもとこうへい）

1967年、北海道に生まれる。

1988年、曹洞宗大本山永平寺別院における２年間の僧侶修行を終え、僧侶２等教師取得。日本気功整体学校、ヘクセンシュス神経専門大学校、MRT中心学校を卒業。

15歳、22歳、26歳で宇宙円光波動に遭遇して以来、数々の霊的体験をする。それらをもとに独自の方法で波動良法を開発。

1993年、北海道自坊寺の副住職に就任。

1996年、高知県土佐清水病院に勤務。

2005年、札幌市に波動良法施術院を開設。

現在、札幌・東京・神戸・福岡において施術と勉強会を主宰。

著書『波動良法で自然治癒力を引き出す』（2005年）
『浄波良法』（2007年）
『マンガで見る浄波良法』（2009年）
『自然治癒力が病気を治す』（2010年）
『お坊さんが考案した、かんたん自然治癒力アップ体操』（2012年）
『痛みを消す‼　ヒーリング・テクニック』（2013年）

■波動良法の連絡先（http://johha.com）
〔自然治癒力アップ治療院〕電話番号　011－511－1178
※東京・神戸・福岡のスケジュールは、011-511-1178までお問い合わせください。

人生を変える波動の力

2016年10月５日　初版第１刷発行

著　者　松本 光平
発行者　韮澤 潤一郎
発行所　株式会社 たま出版
〒160-0004 東京都新宿区四谷4－28－20
☎ 03-5369-3051（代表）
http://tamabook.com
振替　00130-5-94804

組　版　一企画
印刷所　株式会社エーヴィスシステムズ

ISBN978-4-8127-0391-5　C0011